I GING 4.0

Einzigartig, Durchbruch, Weisheitvoll

EAST MATCHES WEST
LITERARY STELLT VOR

HAFTUNGSAUSSCHLUSS

Beschränkung der Haftung und rechtliche Verantwortung

Der Inhalt dieses Buches, I Ching 4.0, einschließlich der Anleitung zur Interpretation und Anwendung von I Ching-Kombinationen, um Glück oder Unglück, Leichtigkeit oder Schwierigkeit sowie günstige oder ungünstige Ergebnisse vorherzusagen, wird ausschließlich zu Bildungs- und Referenzzwecken bereitgestellt. Obwohl alle Anstrengungen unternommen wurden, um die Genauigkeit und Verlässlichkeit der präsentierten Informationen sicherzustellen, übernehmen der Autor und der Verlag keine Garantien oder Gewährleistungen, weder ausdrücklich noch stillschweigend, in Bezug auf die Ergebnisse, die sich aus der Anwendung der hierin beschriebenen Methoden ergeben könnten.

Die Leser sind allein verantwortlich für die Art und Weise, wie sie die Informationen in diesem Buch verwenden. Der Autor und der Verlag haften nicht für Konsequenzen, Verluste oder Schäden—sei es direkt, indirekt, beiläufig oder als Folgeschäden—die aus der Nutzung oder dem Missbrauch des Inhalts dieses Buches entstehen.

Mit der Nutzung dieses Buches erkennen die Leser an und erklären sich damit einverstanden, dass sie sich dieser Einschränkungen bewusst sind und akzeptieren, dass die

Anwendung des bereitgestellten Wissens ausschließlich in ihrer eigenen Verantwortung und auf eigenes Risiko erfolgt. Wenn Sie unsicher sind, wie Sie die gegebenen Anleitungen anwenden sollen, wird empfohlen, vor der Durchführung bedeutender Entscheidungen einen qualifizierten Fachmann oder Praktiker zu konsultieren.

CONTENTS

URHEBERRECHT

VERWEIS

Dieses eBook wird in mehreren Sprachen veröffentlicht, darunter Chinesisch, Deutsch, Französisch, Italienisch, Spanisch, Portugiesisch, Russisch, Japanisch, Koreanisch, Hindi, Indonesisch, Thailändisch, Malaiisch und mehr, zusätzlich zu Englisch und Vietnamesisch. Da das I Ging jedoch von Natur aus abstrakt und schwer zu übersetzen ist, kann es bei der Übersetzung zu Fehlern oder Einschränkungen kommen. Daher wird Lesern in anderen Sprachen empfohlen, bei Bedarf zur Klärung die englische oder vietnamesische Version heranzuziehen, um die Absicht des Autors korrekt zu verstehen.

EPIGRAPH

„Jeder ist irgendwann ein König oder eine Königin; es ist nur eine Frage des Wann und in Bezug auf wen!"

„Die Transformation aller Dinge und Phänomene ist weder zufällig noch ziellos, sondern folgt einer klaren Richtung, die von 64 situativen Variationen geprägt ist, die als ‚Timing' bezeichnet werden. Ob das Timing günstig oder ungünstig ist, hängt von der jeweiligen situativen Variation ab, in der man sich befindet."

„Der Urknall mag möglicherweise nicht existieren; stattdessen könnten wir ein ‚zyklisches System' beobachten, in dem Materie durch Schwarze Löcher eingesogen und durch Weiße Löcher ausgestoßen wird, was die Expansion des Universums antreibt."

GEIST DES I GING 4.0

VORWORT

In den letzten Jahrtausenden wurden Tausende von Büchern über das I Ging in China, Japan, Korea, Vietnam usw. veröffentlicht, mit Übersetzungen ins Englische, Deutsche, Französische und andere Sprachen. Warum ist also jetzt dieses Buch I Ging 4.0 notwendig?

Dies ist auf eine kürzlich „erstaunliche" Entdeckung des Gelehrten Lưu Nguyễn Đào Nguyên zurückzuführen, der fast 30 Jahre damit verbracht hat, das I Ging, Zi Wei und westliche Karten zu studieren und zu integrieren. Aus einer einzigartigen Perspektive erkannte er, dass das I Ging 1.0 von König Fuxi vor 4.700 Jahren äußerst kreativ war und das I Ching 2.0 von König Wen vor über 3.000 Jahren hervorragend war. Als jedoch das I Ging 3.0 von Zhou Gong und Konfuzius eingeführt wurde, traten mehrere schwerwiegende Fehler, Missverständnisse und Auslassungen auf. Daher hat er ein gebundenes Buch mit dem Titel KINH DỊCH 4.0 in vietnamesischer Sprache (ISBN: 978-604-77-3877-9) veröffentlicht, um diese Probleme zu korrigieren. Dies ist ein bemerkenswertes Buch, das jeder, der sich für das I Ging interessiert, lesen muss, sonst riskiert er, den Zugang zu den neuesten Konzepten über das I Ging zu verlieren.

Das Buch erforscht grundlegende Themen im I Ging, behebt die Mängel des I Ging 3.0, benennt die 64 Hexagramme um und bietet neue Interpretationen, während es auch frische Perspektiven auf die „Fünf Elemente" und darüber hinaus liefert. Leser, die es mit einem offenen Geist angehen, werden eine Fülle einzigartiger Konzepte und Analysen entdecken. Diese reichen von der Vorhersage von Glück und Unglück, Gewinn und Verlust, Leichtigkeit und Schwierigkeit bis hin zum Verständnis der Himmelsgesetze, der Natur des Schicksals und der Nuancen von „in timing" versus „out timing". Darüber hinaus untersucht das Buch zeitgenössische Themen aus anderen Bereichen, wie die Frage, ob der Urknall in der Physik ein echtes Phänomen ist oder nur ein Missverständnis ist, wenn man ihn durch die neuen Einsichten des I Ging 4.0 betrachtet, und ob spirituelle Praktiken im Buddhismus wirklich zu dauerhaftem Frieden führen oder nur zu einem illusorischen Gefühl der Erfüllung, das einem „Pflaumenhain von Cao Cao" gleicht."

Dies ist die exklusive eBook-Version des ursprünglichen KINH DỊCH 4.0, die einige zusätzliche Inhalte des Autors enthält. Wenn Sie die östliche Kultur und Weltanschauung tiefgründig studieren möchten, wird empfohlen, das gesamte Buch sorgfältig zu lesen. Wenn Ihr Ziel jedoch lediglich darin besteht, die Kunst des I Ging-Werfens zu erlernen und anzuwenden, um Glück oder Unglück, Gewinn oder Verlust oder Leichtigkeit oder Schwierigkeit in einer bestimmten Angelegenheit vorherzusagen, reichen die Kapitel 3 und 4 aus.

East Matches West Literary ist geehrt und stolz, das exklusive und alleinige Mandat von Gelehrten Lưu Nguyễn Đào Nguyên erhalten zu haben, seine außergewöhnlichen, einzigartigen und hochintellektuellen Werke der östlichen Kultur westlichen Lesern im Besonderen und der Welt im Allgemeinen zugänglich zu machen. Dies geschieht im Geiste, dass „wenn Ost und West zusammenpassen, Frieden folgt."

DANIEL NGUYEN
East Matches West Literary

EINFÜHRUNG

Das erste Mal, dass ich ein Buch über das I Ging, eines der Fünf Klassiker, die die Chinesen als den Weg des edlen Menschen betrachten, las, war vor fast 40 Jahren. Mein erstes Gefühl war, als wäre ich in einem dichten Nebel verloren, gefüllt mit vagen, obskuren und schwer wahrnehmbaren Aussagen. Erst in meinen Studienjahren im Ausland (2001–2003), als ich die Gelegenheit hatte, das I Ging, Zi Wei und westliche Karten zu vergleichen, wurde vieles klarer.

Eines Tages, inspiriert von Faradays Vereinheitlichung von Elektrizität und Magnetismus sowie Einsteins Vereinheitlichung von Materie und Energie, hatte ich die Idee, das I Ging, Zi Wei und westliche Karten zu kombinieren. Zu meiner Überraschung entdeckte ich durch den Prozess des Querverweises und des Versuchs, einen Weg zur Vereinheitlichung zu finden, Fehler, die mit dem Kern des I Ching zusammenhängen und seit über 2.000 Jahren nicht gefunden und geklärt wurden. Doch das anfängliche Gefühl der Aufregung wurde bald durch Angst ersetzt, da das vorliegende Problem überwältigend zu sein schien. Wenn ich recht hätte, würde dies die gesamte Grundlage des I Ging verändern, die seit Tausenden von Jahren akzeptiert wurde. Könnte es sein, dass so viele angesehene Gelehrte, nicht nur in Vietnam, sondern auch in China – dem Geburtsort des I Ging – sich geirrt haben?.

Als ich tiefer eintauchte, wurde mir klar, dass das ursprüngliche

I Ging (1.0) von König Fuxi in der Tat genau war und das ergänzende I Ching (2.0) von König Wen brillant war. Allerdings enthielt das erweiterte I Ging (3.0) der Gelehrten nach König Wen diese erwähnten Fehler, und nachfolgende Generationen sind bis heute diesem Weg gefolgt. Nach reiflicher Überlegung beschloss ich, dieses Buch zu schreiben, das ich I Ging 4.0 nenne, um zu teilen, was ich über mehr als 25 Jahre hinweg nachgedacht habe, mit denen, die sich für das I Ging interessieren.

Das Buch diskutiert die Kernfragen des I Ging neu, korrigiert die Fehler des I Ging 3.0, interpretiert die 64 Hexagramme neu und bietet neue Einsichten zu den „Fünf Elementen" und anderen verwandten Themen. Leser, die sich dem Buch mit einem offenen Geist nähern, werden Antworten auf viele Fragen finden, von persönlichen Angelegenheiten wie der Vorhersage von Glück oder Unglück, Gewinn oder Verlust, Leichtigkeit oder Schwierigkeit bis hin zu breiteren Anliegen über das Gesetz des Himmels, die Natur des Schicksals und mehr. Besonders unabhängig von dem Bereich, in dem die Leser arbeiten, werden sie wertvolle Einsichten für ihren Beruf gewinnen, die aus dem Geist und der Philosophie des I Ging gezogen sind

Die tiefgreifenden Prinzipien des I Ging und der weite Umfang der diskutierten Themen werden sicherlich viele Fragen aufwerfen, die beantwortet werden müssen, sowie Themen, die weiteren Austausch und Diskussion erfordern. Leser können ihre Fragen im Q&A-Bereich der Fanpage Facebook.com/ iching4.0 einreichen, wo der Autor für alle antworten wird, um den Austausch zu fördern.

LƯU NGUYỄN ĐÀO NGUYÊN

TERMINOLOGIE

Dies sind wesentliche Konzepte im I Ging 4.0, von denen einige Bedeutungen enthalten, die sich von der herkömmlichen Auffassung unterscheiden. Die Leser werden ermutigt, sich auf die entsprechenden Inhalte im Buch zu beziehen, um sie vollständig zu verstehen..

YANG: Ein Attribut in einer Dualitätsbeziehung zwischen zwei Entitäten oder Phänomenen (gemeinsam als Objekte bezeichnet). Yang repräsentiert Eigenschaften wie Männlichkeit, Helligkeit, Stärke, Festigkeit, Wärme und Güte usw. Es ist jedoch wichtig, zwischen einer Qualität und ihrem Wert zu unterscheiden, da die Vorteile oder die Wirksamkeit, die eine Qualität mit sich bringt, unterschiedlich sein können. Zum Beispiel bedeutet das Besitzen einer „guten" Qualität in vielen Fällen nicht unbedingt, dass sie mehr Wert oder Vorteile bietet als eine „schlechte" Qualität.

Yang hat immer ein entsprechendes Attribut, das Yin genannt wird, um eine Dualität zu bilden.

YIN: Ein Attribut in einer Dualitätsbeziehung zwischen zwei Entitäten oder Phänomenen (gemeinsam als Objekte bezeichnet). Yin repräsentiert Eigenschaften wie Weiblichkeit, Dunkelheit, Schwäche, Weichheit, Kälte und Schlechtigkeit usw. Es ist jedoch wichtig, zwischen einer Qualität und ihrem Wert zu unterscheiden, da die Vorteile oder die Wirksamkeit, die eine Qualität mit sich bringt, variieren können. Zum Beispiel impliziert die Qualität der „Schwäche" in vielen Fällen nicht unbedingt weniger Wert oder Nutzen im Vergleich zur Qualität der „Festigkeit".

Yin hat immer ein entsprechendes Attribut, das Yang genannt wird, um eine Dualität zu bilden.

DUALITÄT: Ein Paar, das aus zwei Objekten besteht, die jeweils eines von zwei gegensätzlichen Dualitätsattributen (Yang und Yin) besitzen und eine Dualitätsbeziehung zueinander haben. Jedes Objekt kann mehrere Dualitätsbeziehungen zu verschiedenen Objekten haben.

DUALITÄTSGEGENSTÜCK: Ein Objekt, das eine Dualitätsbeziehung mit dem anderen Objekt innerhalb der gleichen Dualität hat.

DUALITÄTSBEZIEHUNG: Die Beziehung zwischen zwei Dualitätsobjekten innerhalb der gleichen Dualität.

DUALITÄTSGITTER: Das Netz der Dualitätsbeziehungen, die eine Entität oder ein Phänomen mit ihren Dualitätsgegenstücken teilt.

LINIE: Ein verallgemeinertes Symbol eines Dualitätsobjekts, wobei eine durchgehende Linie ein Dualitätsobjekt mit einem Yang-Attribut darstellt und eine gebrochene Linie ein Dualitätsobjekt mit einem Yin-Attribut.

BIGRAMM: Die Kombination von zwei Dualitätsobjekten (d.h. zwei Linien), die nicht zur gleichen Dualität gehören. Es gibt insgesamt vier Kombinationszustände, die die Vier Bigramme bilden.

TRIGRAMM: Die Kombination von drei Dualitätsobjekten (d.h. drei Linien), die nicht zur gleichen Dualität gehören. Es gibt insgesamt acht Kombinationszustände, die die Acht Trigramme bilden.

QIAN: Die Kombination von drei Dualitätsobjekten, die nicht zur gleichen Dualität gehören, und alle Yang-Attribute besitzen. Qian wird als Himmel bezeichnet.

DUI: Die Kombination von drei Dualitätsobjekten, die nicht zur gleichen Dualität gehören, wobei das untere Dualitätsobjekt ein Yang-Attribut hat, das mittlere Dualitätsobjekt ein Yang-Attribut hat und das obere Dualitätsobjekt ein Yin-Attribut hat. Dui wird als See bezeichnet.

LI: Die Kombination von drei Dualitätsobjekten, die nicht zur gleichen Dualität gehören, wobei das untere Dualitätsobjekt ein Yang-Attribut hat, das mittlere Dualitätsobjekt ein Yin-Attribut hat und das obere Dualitätsobjekt ein Yang-Attribut hat. Li wird als Feuer bezeichnet.

ZHEN: Die Kombination von drei Dualitätsobjekten, die nicht zur gleichen Dualität gehören, wobei das untere Dualitätsobjekt ein Yang-Attribut hat, das mittlere Dualitätsobjekt ein Yin-Attribut hat und das obere Dualitätsobjekt ebenfalls ein Yin-Attribut hat. Zhen wird als Donner bezeichnet.

SUN: Die Kombination von drei Dualitätsobjekten, die nicht zur gleichen Dualität gehören, wobei das untere Dualitätsobjekt ein Yin-Attribut hat, das mittlere Dualitätsobjekt ein Yang-Attribut hat und das obere Dualitätsobjekt ebenfalls ein Yang-Attribut hat. Sun wird als Wind bezeichnet.

KAN: Die Kombination von drei Dualitätsobjekten, die nicht zur gleichen Dualität gehören, wobei das untere Dualitätsobjekt ein Yin-Attribut hat, das mittlere Dualitätsobjekt ein Yang-Attribut hat und das obere Dualitätsobjekt ebenfalls ein Yin-Attribut hat. Kan wird als Wasser bezeichnet.

GEN: Die Kombination von drei Dualitätsobjekten, die nicht zur gleichen Dualität gehören, wobei das untere Dualitätsobjekt ein Yin-Attribut hat, das mittlere Dualitätsobjekt ebenfalls ein Yin-Attribut hat und das obere Dualitätsobjekt ein Yang-Attribut hat. Gen wird als Berg bezeichnet.

KUN: Die Kombination von drei Dualitätsobjekten, die nicht zur gleichen Dualität gehören, und alle Yin-Attribute besitzen. Kun wird als Erde bezeichnet.

HEXAGRAMM: Ein Begriff aus dem I Ching 3.0, der sich auf ein doppelt auftretendes Trigramm bezieht, das aus sechs Linien besteht, die von 1 bis 6 von unten nach oben nummeriert sind und zur Interpretation von Phänomenen aus der Perspektive der Nummero-Symbologie verwendet werden.

KOMBINATION: Ein Begriff aus dem I Ching 4.0, der sich auf eine transaktionale Situation zwischen zwei unabhängigen Trigrammen bezieht, die es Phänomenen ermöglicht, innerhalb des Rahmens der unveränderlichen Gesetze des I Ching zu wechseln. Er wird verwendet, um situative Variationen oder Zeitpunkte aus der Perspektive des Schicksalsdenkens zu interpretieren.

SUBJEKT-TRIGRAMM: Das Trigramm, das sich unter jeder Kombination befindet. Das Subjekt-Trigramm repräsentiert die Subjektseite in der Transaktion.

OBJEKT-TRIGRAMM: Das Trigramm, das sich über jeder Kombination befindet. Das Objekt-Trigramm repräsentiert die Objektseite in der transaktionalen Dynamik.

ERDLINIE: Das Dualitätsobjekt, das sich am unteren Ende jedes Trigramms befindet. Im I Ching 4.0 repräsentiert die Erdlinie den Faktor der materiellen Ressourcen in der Transaktion.

MENSCHENLINIE: Das Dualitätsobjekt, das sich in der Mitte

jedes Trigramms befindet. Im I Ching 4.0 repräsentiert die Menschenlinie den Schicksalsfaktor des Initiators in der Transaktion.

HIMMELSLINIE: Das Dualitätsobjekt, das sich an der Spitze jedes Trigramms befindet. Im I Ching 4.0 repräsentiert die Himmelslinie den Faktor der spirituellen Ressourcen in der Transaktion.

SCHICKSAL: Laut Zi Wei 4.0 ist das Schicksal im Geburtsdiagramm einer Person zum Zeitpunkt der Geburt vorbestimmt. Das Schicksal kann nicht verändert werden.

SCHICKSALSBESTIMMUNG: Laut Zi Wei 4.0 ist das Schicksalsbestimmung die Verwirklichung des Schicksals unter dem Einfluss materieller und spiritueller Faktoren. Daher kann das Schicksalsbestimmung besser, gleich oder schlechter sein als das Schicksal. Im I Ching 4.0 wird das Schicksalsbestimmung je nach Transaktion einen der fünf Auswirkungen erfahren: Gewinn, Nutzung, Unversehrtheit, Leiden, Geschädigt.

ZEITPUNKT: Der Zeitraum, in dem Phänomene wie Glück/ Unglück, Gut/Schlecht, Geschmeidigkeit/Blockierung, Erfolg/ Misserfolg, Gesundheit/Krankheit usw. auftreten, gemäß ihren inhärenten Gesetzen im Prozess der Verwirklichung von Schicksal in Schicksalsbestimmung.

VORAUSSAGE (manchmal als Urteil bezeichnet): Die orakelnden Aussagen für die 64 Hexagramme, traditionell König Wen zugeschrieben. Nach unserer Ansicht hat König Wen diese basierend auf praktischen Erfahrungen in der Divination über tausende von Jahren, sowohl schriftlich als auch mündlich, zusammengetragen, um sie zusammenzufassen und zu formalisieren.

LINIENBEZEICHNUNG: Die Interpretationen der 384 Linien,

traditionell Zhou Gong zugeschrieben. Nach unserer Ansicht basierte Zhou Gong seine Linienaussagen hauptsächlich auf dem Symbol der Hexagramme, der Natur der Linien und deren Position.

ZEHN FLÜGEL: Dies sind interpretative, erläuternde oder kommentierende Abschnitte, die von späteren Gelehrten verfasst wurden, um das I Ching zu ergänzen. Es gibt insgesamt zehn Abschnitte. Der Inhalt der zehn Flügel diskutiert hauptsächlich Ethik, Philosophie und Verhaltensweisen, unter anderem.

KOMBINATION SAGT VORAUS: Die Interpretationen der 64 Kombinationen, die von Luu Nguyen Dao Nguyen basieren und auf der Analyse des Schicksalsdenkens beruhen, das sich hauptsächlich auf die fünf Elemente konzentriert. Kombination sagt voraus, besteht aus zwei Teilen: einer Übersichtsvorhersage über den Zeitpunkt und einer Bewertung der Auswirkungen der drei Faktoren - Schicksalsbestimmung, Materiell und Geist.

NUMMERO-SYMBOLOGIE: Eine Denkschule, die Phänomene basierend auf Symbolen und Zahlen vorhersagt. Diese Schule erlebte während der Han-Dynastie in China vor über 2000 Jahren einen Aufschwung, wobei ihre ursprüngliche Grundlage hauptsächlich auf den Hexagrammsymbolen des I Ching und den Zahlen aus dem Flussdiagramm (He Tu) und dem Luo-Skript (Luo Shu) basierte.

FÜNF ELEMENTE: Die klassische chinesische Lehre über die Interaktion zwischen fünf grundlegenden Elementen, die durch Metall, Holz, Wasser, Feuer und Erde symbolisiert werden. Diese Lehre betont die gegenseitige Abhängigkeit der Elemente durch die Beziehungen von Erzeugung/Gegenerzeugung und Überwindung/Gegenüberwindung, um Gleichgewicht und Harmonie in allen Dingen und Phänomenen zu gewährleisten.

FLUSSDIAGRAMM: Ein Diagramm, von dem traditionell gesagt wird, dass es im Gelben Fluss erschienen ist, das von Gelehrten während der Han-Dynastie in das I Ching integriert wurde. Das Flussdiagramm und das Luo-Skript gehören zu den grundlegenden Elementen der nummero-symbologischen Schule.

LUO-SKRIPT: Ein Skript, von dem traditionell gesagt wird, dass es im Luo-Fluss erschienen ist, das von Gelehrten während der Han-Dynastie in das I Ching integriert wurde. Das Luo-Skript und das Flussdiagramm gehören zu den grundlegenden Elementen der nummero-symbologischen Schule.

TAIJI-DIAGRAMM: Ein Symbol, das die untrennbare Verbindung und die dynamische quantitative Beziehung zwischen Yang und Yin darstellt. Es zeigt, dass, wenn Yang zunimmt, Yin abnimmt, und umgekehrt, wobei betont wird, dass Yin in Yang enthalten ist und Yang in Yin, und so weiter.

YI [ABSCHNITT]: Ein Begriff, der sich auf die Komponente bezieht, die aus den grundlegenden Prinzipien des I Ging besteht und sich mit Interaktionen und Wandlungen im Rahmen der unveränderlichen Gesetze aller Dinge und Phänomene beschäftigt.

JING [ABSCHNITT]: Ein Begriff, der sich auf die Komponente bezieht, die aus Schriften, Erzählungen, Diskussionen, Analysen und Interpretationen des I Ging besteht, wie zum Beispiel die Urteile, die Zeileninterpretationen und die Zehn Flügel.

QI: Ein grundlegendes Konzept der chinesischen Philosophie,

das den Energiefluss oder die Lebensenergie bezeichnet, die in allen Dingen existiert. Qi ist unsichtbar und formlos, aber durch seinen Fluss, seine Veränderung und Umwandlung hilft es, den Betrieb des Universums und des Lebens aufrechtzuerhalten. Qi und Materie bilden zusammen die Grundlage für das Universum und alle Dinge.

MATERIE: Ein grundlegendes Konzept in der chinesischen Philosophie, das sich auf die materiellen Objekte in der Natur bezieht, die existieren und mit den Sinnen wahrgenommen werden können. Im Gegensatz zu Qi ist Materie sichtbar, hat eine konkrete Substanz und Form. Materie und Qi bilden zusammen die Grundlage für das Universum und alle Dinge.

ZI WEI: Eine einzigartige chinesische Methode zur Schicksalsvorhersage, die auf den persönlichen Daten wie Geburtszeit, -tag, -monat, -jahr und Geschlecht basiert, um ein Schicksalsdiagramm zu erstellen und das Schicksal mithilfe einer strengen Numerologie (Schicksalsdeutung) vorherzusagen. Besonders und selten ist, dass Zi Wei, obwohl es in einem Land und einer Ära entstand, die stark von symbolischen Zahlenkonzepten geprägt war, diese symbolischen Zahlen überhaupt nicht verwendet.

HIMMEL-STAMM - ERDE-ZWEIG: Ein Spezifikationssystem, das von den alten Chinesen erstellt wurde, um Objekte und Phänomene im Universum zu spezifizieren, einschließlich sowohl Raum als auch Zeit. Das System besteht aus 12 Erde-Zweigen (dargestellt durch 12 Tiere in der Reihenfolge Ratte, Ochse, Tiger, Hase, Drache, Schlange, Pferd, Ziege, Affe, Hahn, Hund und Schwein) und 10 Himmel-Stämmen (Jia, Yi, Bing, Ding, Wu, Ji, Geng, Xin, Ren, Gui), die in einem wiederholenden Zyklus von 60 kombiniert werden. Laut der Perspektive des Gelehrten Lưu Nguyễn Đào Nguyên könnte der Grund, warum die alten Chinesen die Himmel-Stämme und Erde-Zweige in ein System zur Spezifizierung von Objekten und Phänomenen kombiniert haben, aus dem Glauben stammen, dass alles sowohl eine Essenz (Innere) als auch eine Form (Äußere) hat. Daher müssen zur genauen Spezifizierung beide Aspekte verwendet werden, wobei die Essenz durch die 10 Himmel-Stämme und die Form durch die 12 Erde-Zweige dargestellt wird. Dies ist lediglich eine Hypothese, die auf einer persönlichen Sicht der chinesischen Zivilisation basiert, da bisher keine schriftlichen Beweise gefunden wurden, die dies unterstützen. Sollte dies jedoch wahr sein, wäre es eine bemerkenswerte Schöpfung der alten chinesischen Zivilisation, da es in gewisser Weise analog zu dem ist, wie wir heute Koordinaten verwenden, um Objekte zu lokalisieren, jedoch in einem allgemeineren und ausgeklügelteren Sinn, das auf alle Objekte und Phänomene im Universum anwendbar ist und nicht nur auf geographische Positionen.

FRÜHES HIMMEL BAGUA: Die Anordnung der acht Trigramme basierend auf Richtung, wobei Qian im Süden, Kun im Norden, Kan im Westen, Li im Osten, Dui im Südosten, Sun im Südwesten, Gen im Nordwesten und Zhen im Nordosten ist.

SPÄTES HIMMEL BAGUA: Die Anordnung der acht Trigramme basierend auf Richtung, wobei Li im Süden, Kan im Norden, Dui im Westen, Zhen im Osten, Kun im Südwesten, Gen im Nordosten, Qian im Nordwesten und Sun im Südosten ist.

WESTLICHE KARTEN: Eine Methode der Divination, die den positiven oder negativen Einfluss einer Person auf den Fragesteller mithilfe eines Kartenspiels vorhersagt.

KAPITEL 1

EINE ZUSAMMENFASSUNG DES I GING HEUTE

I. Kurze Geschichte der Entstehung und Entwicklungsphasen des I Ging

Das I Ging ist eine einzigartige Schöpfung der chinesischen Zivilisation [bezieht sich auf die Zivilisation, die im Gebiet des heutigen China florierte[1]] und entstand vor fast 5.000 Jahren. Traditionell wird es König Fu Xi (oder Puxi) zugeschrieben, einem der drei legendären Könige des alten China (Fu Xi, Shen Nong und Suiren).

Es gibt viele Legenden über die Erschaffung des I Ging durch König Fu Xi. In der Großen Abhandlung (oder auch Angefügte Texte genannt) des I Ging heißt es im oberen Kommentar, dass auf dem Gelben Fluss ein Diagramm erschien – dies ist das He-Tu-Diagramm; auf dem Luo-Fluss erschienen Schriftzeichen – dies ist die Luo-Schrift; der Weise nutzte diese, um das I Ging zu begründen. Der untere Kommentar der Großen Abhandlung erzählt jedoch eine andere Geschichte, wonach König Fu Xi den Himmel betrachtete, um die Muster am Himmel zu erkennen, und die Erde beobachtete, um die Regeln darauf zu studieren... auf dieser Grundlage schuf er die Acht Trigramme. Es ist wichtig zu beachten, dass die Große Abhandlung dem I Ging von späteren Gelehrten über 2.000 Jahre nach der Zeit von König Fu Xi hinzugefügt wurde.

Nach vielen Quellen gingen die ursprünglichen Diagramme des

He-Tu-Diagramms und der Luo-Schrift bis zum 7. Jahrhundert v. Chr. verloren. Etwa 500 Jahre später, während der Han-Dynastie, wurden sie von einem Gelehrten namens Kong Anguo (ein entfernter Nachkomme von Konfuzius) anhand der in der Großen Abhandlung gefundenen Beschreibungen neu gezeichnet, wie im Folgenden dargestellt:

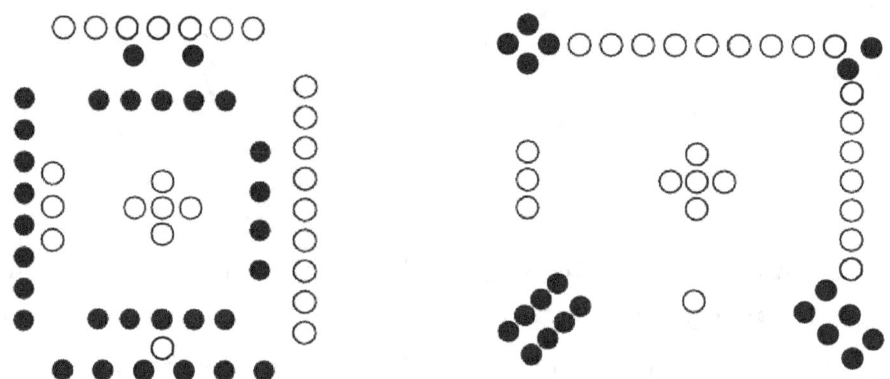

Flussdiagramm   Luo-Skript

In diesen beiden Diagrammen stellen die leeren Kreise ungerade Zahlen (Yang) dar, während die gefüllten Kreise gerade Zahlen (Yin) repräsentieren. Im Vergleich zu den Acht Trigrammen ist es jedoch in der Tat schwierig zuzustimmen, dass die Trigramme aus dem Flussdiagramm und dem Luo-Skript abgeleitet wurden. Die traditionelle Interpretation, dass die Weisen das Flussdiagramm und das Luo-Skript untersuchten, um die Acht Trigramme abzuleiten, erscheint kompliziert und ähnelt dem „Fuß zu schnitzen, um in den Schuh zu passen", was bei näherer Betrachtung ziemlich gezwungen wirkt. Vielleicht ist dies ein Produkt späterer Numero-Symbologen[2] und nicht die ursprüngliche Grundlage des I Ging[3]. Das Lesen der folgenden Erklärung wird dies verdeutlichen:

„Das Flussdiagramm lässt die Mitte leer, während das Luo-Skript die konkrete Form erfasst. Das Flussdiagramm lässt die Zahlen fünf und zehn aus, die das Höchste Prinzip repräsentieren; die Summe der

ungeraden Zahlen beträgt zwanzig, und die Summe der geraden Zahlen beträgt zwanzig, was den beiden Linien (Dualität) entspricht. Durch die Verwendung von eins, zwei, drei und vier zur Erzeugung von fünf, sechs, sieben und acht erhalten wir die Vier Bigrams; das Teilen der 'komplexen' Zahlen der vier Himmelsrichtungen ergibt Qian, Kun, Li und Kan, während das Füllen der leeren Ecken Dui, Zhen, Sun und Gen produziert, die die Acht Trigramme vervollständigen." [4]

Zhu Xi, ein prominenter Gelehrter Chinas während der Song-Dynastie (vor über 1.000 Jahren), erklärte die Entstehung des I Ging wie folgt:

„Ursprünglich schufen die Weisen das I Ging, indem sie beobachteten und reflektierten und erkannten, dass im gesamten Himmel und auf Erden alles das Prinzip von einem Yin und einem Yang verkörpert; mit diesem Prinzip kommt ein Symbol, und mit einem Symbol existiert seine Zahl inhärent. Yang wird durch ungerade Zahlen dargestellt, während Yin durch gerade Zahlen repräsentiert wird, und dies gilt für alle Dinge. Daher nutzten die Weisen dieses Verständnis, um die Hexagramme zu umreißen. Zunächst wurde eine durchgehende Linie gezogen, um das Wesen des Yang darzustellen, und eine gebrochene Linie, um das Wesen des Yin darzustellen. Mit zwei Linien gibt es jedoch vier Kombinationen, und mit vier Linien gibt es acht." [5]

Somit kann bekräftigt werden, dass der erste Baustein des I Ging aus 2 Linien besteht, wobei die durchgehende Linie (—) das Wesen des Yang repräsentiert und die gebrochene Linie (- -) das Wesen des Yin darstellt, welches die Dualität von allem konstituiert. Durch das Hinzufügen einer weiteren Linie wird aus zwei vier (die Vier Trigramme), und durch das Hinzufügen einer weiteren Linie wird aus vier acht (die Acht Trigramme), wie in den folgenden Diagrammen dargestellt:

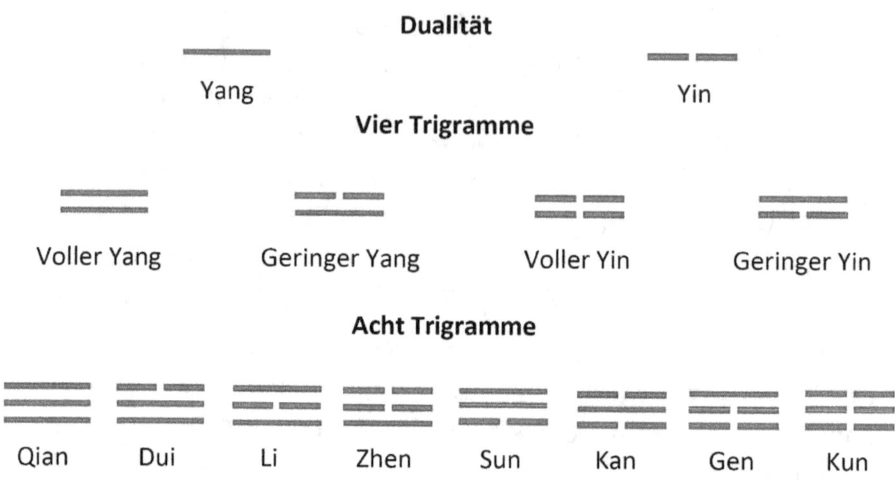

Die Bedeutungen der Trigramme werden ebenfalls wie folgt dargestellt:

• **Qian, genannt Himmel:** symbolisiert Härte, Stärke, Männlichkeit usw.

• **Dui, genannt See:** symbolisiert Freude, Glück usw.

• **Li, genannt Feuer:** symbolisiert Helligkeit, Beleuchtung usw.

• **Zhen, genannt Donner:** symbolisiert Donner, Klang usw.

• **Sun, genannt Wind:** symbolisiert Wind, Durchdringung usw.

• **Kan, genannt Wasser:** symbolisiert Wasser, Gefahr usw.

• **Gen, genannt Berg:** symbolisiert Berg, Ruhe usw.

• **Kun, genannt Erde:** symbolisiert Erde, Empfänglichkeit, Weiblichkeit usw.

Bezüglich der Himmelsrichtungen gibt es zwei Theorien zur Anordnung der Acht Trigramme: das Frühe Himmel Bagua und das Späte Himmel Bagua, wie im folgenden Diagramm dargestellt:

• **Frühe Himmel Bagua**: Qian befindet sich im Süden, Kun im Norden, Kan im Westen, Li im Osten, Dui im Südosten, Sun im Südwesten, Gen im Nordwesten und Zhen im Nordosten.

• **Späte Himmel Bagua:** Li ist im Süden, Kan im Norden, Dui im Westen, Zhen im Osten, Kun im Südwesten, Gen im Nordosten, Qian im Nordwesten und Sun im Südosten.

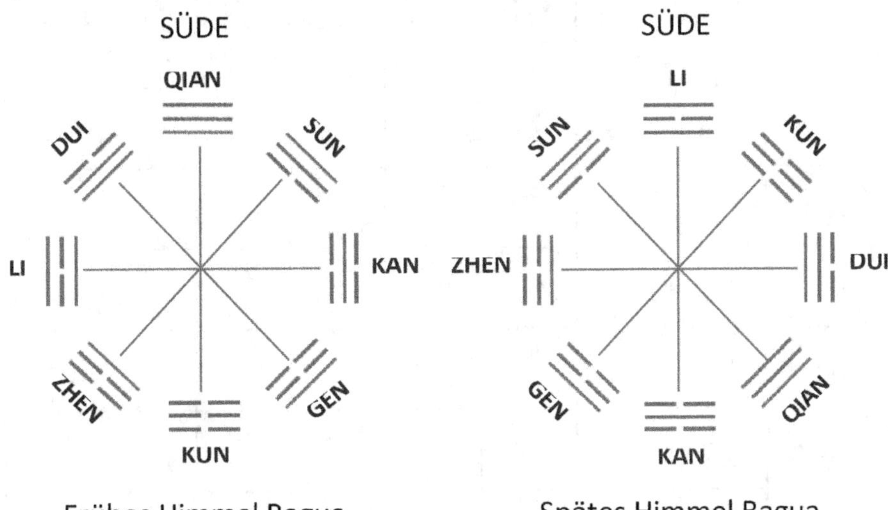

Frühes Himmel Bagua   Spätes Himmel Bagua

Laut der Legende stellte König Fu Xi ursprünglich das Frühe Himmel Bagua auf, und etwa 1.700 Jahre später änderte König Wen es in das Späte Himmel Bagua, obwohl keine spezifische Erklärung gegeben wird, warum. Einige erklären, dass das Frühe Himmel Bagua sich auf himmlische Angelegenheiten bezieht, was eine Umstellung auf das Späte Himmel Bagua erforderlich macht, um menschliche Angelegenheiten zu berücksichtigen. Andere interpretieren die Anordnung basierend auf den Jahreszeiten, die mit dem Klima in verschiedenen geografischen Regionen verknüpft sind.

Nach unserer Ansicht ist es sehr wahrscheinlich, dass die Alten durch praktische Kontemplation entdeckten, dass das Frühe Himmel Bagua nicht gut mit verschiedenen Phänomenen übereinstimmte, was sie dazu führte, es zum Späten Himmel Bagua anzupassen, um eine bessere Relevanz zu erreichen.[6]

Die vierundsechzig Hexagramme[7] (64 verdoppelte Trigramme) entstehen, indem zwei Trigramme aus den Acht Trigrammen übereinander gestapelt werden, wie im folgenden

Diagramm dargestellt:

Oben / Unter	Kun	Gen	Kan	Sun	Zhen	Li	Dui	Qian
Kun								
Gen								
Kan								
Sun								
Zhen								
Li								
Dui								
Qian								

Bis heute gibt es kein Dokument, das vernünftig erklärt, warum die Schöpfer des I Ging nicht eine weitere Linie zu den Acht Trigrammen hinzugefügt haben, um 16 Tetragramme zu bilden, sondern stattdessen die 8 Trigramme übereinander gestapelt haben, um die 64 Hexagramme zu erstellen. Einige Bücher geben einfach an, dass „die Weisen es so gemacht haben". Das I Ging enthält viele solche Hinweise auf die Weisen (!)

Ursprünglich bestand das I Ging nur aus den symbolischen Hexagrammen, die zur Wahrsagung von Dingen und Phänomenen verwendet wurden. Dies machte die Weissagungen schwierig und inkonsistent. Erst zur Zeit von König Wen der Zhou-Dynastie (vor über 3.000 Jahren) wurden die Weissagungen für die 64 Hexagramme verfasst, was die

Wahrsagung konsistenter und einfacher machte. Das Auftreten der Weissagungen kann als Meilenstein betrachtet werden, der die Transformation des I Ging von einem rein symbolbasierten zu einem narrativen System markiert.

Die den König Wen zugeschriebenen Weissagungen waren jedoch äußerst prägnant. So bestand die Weissagung für das Hexagramm „Himmel über Himmel" nur aus vier Zeichen: „yuan, heng, li, zhen", was „ursprünglich, glatt, vorteilhaft, gerecht" bedeutet. Später verfasste Zhou Gong, der zweite Sohn von König Wen, die Linienbezeichnung, um die Bedeutungen der 384 Linien in den 64 Hexagrammen zu erklären, was den Weg für die Evolution des I Ging in eine neue Phase ebnete.

Nach der Zeit von Zhou Gong, während der Entwicklung des I Ging und der chinesischen Zivilisation im Allgemeinen, ereignete sich eine große Katastrophe: Kaiser Qin Shi Huang befahl die Verbrennung von Büchern und verbot alle philosophischen, politischen und ideologischen Texte. Das I Ging wurde jedoch verschont, da es als Wahrsagebuch betrachtet wurde und somit zirkulieren durfte. Gelehrte dieser Ära nutzten dies, indem sie verbotene Inhalte in das I Ging einbetteten, durch die Hinzufügung und Interpretation von Hexagrammen und Linien. Dieser Trend setzte sich über 2.000 Jahre fort, wobei zahlreiche I Ging-Gelehrte Kommentare beitrugen, die unbeabsichtigt dazu führten, dass das I Ging sich in ein Werk der Philosophie, Ideologie und Moral usw. verwandelte und sich von seinem ursprünglichen Zweck als Werkzeug zur Wahrsagung entfernte.

Dies ist der Grund, warum die Kommentare zu den Hexagrammen und Linien, die in den Zehn Flügeln[8] zu finden sind, sich hauptsächlich auf Ethik, Moral, Philosophie und zwischenmenschliche Beziehungen konzentrieren — Ideen, die oft mit Werken wie dem Dao De Jing, den Analekten, der Lehre der Mitte und dem Großen Lernen übereinstimmen. Darüber hinaus enthalten einige der Kommentare gezwungene Interpretationen, metaphysische

Konzepte, vage oder unklare Bedeutungen und sogar gelegentliche Widersprüche. Wir vermuten, dass aufgrund des starken Fokus auf Philosophie, Ideologie und Moral sowie des Abweichens von der ursprünglichen Grundlage der Wahrsagung die Missverständnisse und Auslassungen, die seit über 2.000 Jahren im I Ging bestehen und hauptsächlich die Praxis der Wahrsagung betreffen, bisher nicht identifiziert, klargestellt und korrigiert wurden.

Zusammenfassend hat das I Ging drei Hauptphasen der Entwicklung durchlaufen, die wir wie folgt klassifiziert haben:

(1) Original I Ging (1.0): Eingeleitet von König Fu Xi vor fast 5.000 Jahren, hauptsächlich zur Divination genutzt, bestehend nur aus Symbolen ohne narrative Elemente.

(2) Ergänzendes I Ging (2.0): Eingeleitet von König Wen vor über 3.000 Jahren, das Einsichten aus den praktischen Erfahrungen der vorhergehenden Jahrtausende[9] zusammenfasst und die Vaticination zur Erklärung der 64 Hexagramme kompiliert, was den Weg für das Entstehen der Narrative des I Ging ebnete.

(3) Erweitertes I Ging (3.0): Aufgebaut von Generationen von Gelehrten nach König Wen, nicht nur durch die Erweiterung der Narrative mit der Linienbezeichnung, den Zehn Flügeln usw., sondern auch durch die Integration neuer Symbole in das Yi des I Ging, wie das Flussdiagramm, das Luo-Schema und das Taiji-Diagramm. Es gibt unterschiedliche Meinungen darüber, wer diese Phase initiiert hat. Einige schreiben es Konfuzius zu, der das I Ging als eines der fünf Klassiker[10] die für den Konfuzianismus zentral sind, organisierte. Wenn wir jedoch den klaren Einfluss des Begriffs *„Hexagramm als Einheit"* als definierenden Punkt betrachten, ist es sinnvoller, Zhou Gong als Initiator des I Ging 3.0 zu benennen.

II. Missverständnisse und Auslassungen im I Ging 3.0

1. Missverständnis über die Natur der Linienaddition in der

Dualität, im Bigramm und im Trigramm

Das Verständnis der Prinzipien von Yin und Yang und deren Verallgemeinerung mit einer durchgezogenen Linie (Yang) und einer gebrochenen Linie (Yin) zur Bildung der Dualität ist eine bemerkenswerte Schöpfung der Gründer des I Ging. Es ist jedoch bedauerlich, dass bei der Hinzufügung von Linien zur Schaffung der vier Bigrams (zwei Linien) und der acht Trigrams (drei Linien) die Gründer die Natur dieser Addition nicht klar definierten, was über Jahrtausende zu Missverständnissen führte, wie im Folgenden dargelegt:

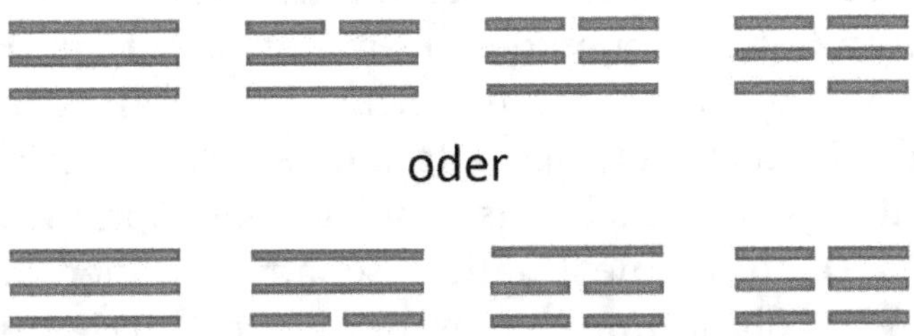

oder

Missverständnis: Das Hinzufügen einer Linie bedeutet, den Grad von Yang oder Yin zu erhöhen.

Dies ist das Verständnis des I Ging 3.0 in den letzten 3.000 Jahren. Dies wird deutlich in der Regel zur Erstellung der vier Bigrams: *„Das Hinzufügen einer Yang-Linie zu einer Yang-Linie ergibt Volleres Yang, das Hinzufügen einer Yin-Linie zu einer Yang-Linie ergibt Wenigeres Yang, das Hinzufügen einer Yin-Linie zu einer Yin-Linie ergibt Volleres Yin, und das Hinzufügen einer Yang-Linie zu einer Yin-Linie ergibt Wenigeres Yin.“* Dieses Verständnis spiegelt sich auch in vielen Analysen und Interpretationen von Hexagrammen, Linien und in den Zehn Flügeln, dem Taiji-Diagramm usw. wider.

Das Verständnis auf diese Weise führt jedoch zu Widersprüchen. Beispielsweise können zwei Yang-Linien und eine Yin-Linie drei völlig unterschiedliche Trigramme ergeben, nämlich Dui, Li und Sun. Darüber hinaus würde es, wenn wir es auf diese Weise verstehen, keine Acht Trigramme geben, sondern nur

Kombinationen von „*Yang wächst, Yin verringert sich*" und „*Yin wächst, Yang verringert sich*", wie folgt:

Offensichtlich kann eine einfache quantitative Addition — Yang zu Yang hinzuzufügen, um in den Vier Bigrammen zu vollerem Yang zu gelangen, und dann ein weiteres Yang hinzuzufügen, um in den Acht Trigrammen zum vollständigsten Yang (dem Trigramm Qian) zu gelangen, oder Yin zu Yin hinzuzufügen, um in den Vier Bigrammen zu vollerem Yin zu gelangen, und dann ein weiteres Yin hinzuzufügen, um in den Acht Trigrammen zum vollständigsten Yin (dem Trigramm Kun) zu gelangen — im I Ging nicht angewendet werden. Das Taiji-Diagramm, das von späteren Generationen dem I Ging hinzugefügt wurde und die Beziehung zwischen den quantitativen Veränderungen von Yang und Yin darstellt, spiegelt dieses Verständnis deutlich wider. Daher kann auch das traditionelle Sprichwort „Taiji schafft die Dualität, die Dualität schafft die vier Bigramme, und die vier Bigramme schaffen die acht Trigramme" als Missverständnis angesehen werden.

Neue Erkenntnis: Das Hinzufügen einer Linie bedeutet, ein Dualitätsgegenüber mit einem anderen Dualitätsgegenüber zu kombinieren, das nicht zur gleichen Dualität gehört.[11]

Dies ist eine neue Vorstellung, die wir vorschlagen, basierend auf dem Verständnis, dass jede Interaktion im I Ging niemals nur eine einzelne Linie umfasst. Wenn man eine Linie unter einer Yang-Linie hinzufügt, ergibt dies „*Yang ohne die Himmelslinie*"; das Hinzufügen einer Linie über einer Yang-Linie führt zu „*Yang ohne die Erdlinie*"; ebenso ergibt das Hinzufügen einer Linie unter einer Yin-Linie „*Yin ohne die Himmelslinie*", während das Hinzufügen einer Linie über einer Yin-Linie „*Yin ohne die Erdlinie*" ergibt. Daher umfassen die Vier Bigramme „Yang ohne die Himmelslinie", „Yang ohne die Erdlinie", „Yin ohne die Himmelslinie" und „Yin ohne die Erdlinie".

Diese Interpretation ist korrekt und angemessen, da sie mit den Prinzipien der Interaktion und Transformation innerhalb des Rahmens der unveränderlichen Gesetze des I Ging übereinstimmt. Darüber hinaus wird ein solches Verständnis neue Forschungen zum I Ging fördern, Missverständnisse korrigieren, die Genauigkeit von Vorhersagen verbessern und helfen, Herausforderungen zu bewältigen, die andere Wahrsagesysteme wie Zi Wei betreffen, das auf den Prinzipien des I Ging entwickelt wurde (Details werden in späteren Abschnitten ausgeführt).

2. Missverständnis über die Betrachtung des Hexagramms als eine einzelne Einheit

In den letzten 3.000 Jahren hat kein I Ging-Gelehrter (selbst in China, der Wiege des I Ging) eine vernünftige und fundierte Erklärung dafür geliefert, warum die Gründer des I Ging nur zwei Trigramme übereinander gestapelt haben, anstatt drei, vier oder mehr zu verwenden. In dem Buch *Interpretation of the Zhou Yi*, das von dem prominenten Gelehrten Phan Boi Chau zusammengestellt und kommentiert wurde und auf chinesischen I Ging-Texten basiert, versucht der Abschnitt *Oberer Text von Zhou Yi*, die Gründe für die Schaffung der 64 Hexagramme zu erklären. Um ehrlich zu sein, ist die Erklärung verworren und fehlt an einer realen Grundlage. Unserer Meinung nach ist dies einfach der Versuch späterer I Ging-Gelehrter in China, etwas zu rationalisieren, das bereits vor Tausenden von Jahren (die Hexagramme) geschaffen wurde. Nachfolgend ein wörtlicher Auszug aus dem Buch, der den Grund für die Festlegung der 64 Hexagramme erklärt, über den jeder Leser leicht zahlreiche Fragen aufwerfen kann — Fragen, die selbst der Gelehrte, der sie verfasst hat, schwer beantworten könnte (!).

> *„Wenn es nur Trigramme gäbe, könnte das Universum nicht vollständig dargestellt werden. Daher muss jedes einzelne Trigramm mit einem anderen kombiniert werden, und drei mal zwei ergibt sechs Linien. Nehmen wir nun die acht Eltern-Trigramme, die*

> *die ursprünglichen drei-Linien-Trigramme sind, und kombinieren jedes Eltern-Trigramm mit acht Kindern, was zu acht mal acht führt, also insgesamt vierundsechzig"* [12]

Es könnte sein, dass aufgrund dieses Verständnisses die I Ging-Gelehrten nach König Wen das Hexagramm als eine einzelne Einheit betrachteten, die aus zwei Teilen besteht: dem inneren Trigramm und dem äußeren Trigramm, mit sechs Linien, die von der ersten Linie (unten) bis zur sechsten Linie (oben) nummeriert sind, wie im folgenden Diagramm dargestellt.

HIMMEL ÜBER HIMMEL	TRIGRAMM	LINIE
	Äußeres	Linie 6 (oben)
		Linie 5
		Linie 4
	Inneres	Linie 3
		Linie 2
		Linie 1 (unten)

In Bezug auf dieses Thema zitiert der Gelehrte Nguyễn Hiến Lê den I Ging-Forscher J. Lavier, der erklärte, dass das innere Trigramm die Ursache und das äußere Trigramm die Wirkung repräsentiert[13]. Auch wenn dies ein seltener Versuch gewesen sein mag, das Stapeln zweier Trigramme zu erklären, bleibt es doch auf das Konzept des Hexagramms als eine Einheit beschränkt. Infolgedessen führt es letztendlich zu nichts und kann praktisch nicht angewendet werden.

In der Tat glauben wir, dass ein Hexagramm keine einzelne Einheit ist, sondern vielmehr zwei unabhängige Trigramme (das Subjekt-Trigramm und das Objekt-Trigramm), die miteinander interagieren und es den Dingen und Phänomenen ermöglichen, sich im Rahmen der unveränderlichen Gesetze des I Ging zu transformieren. Das folgende Kapitel wird eine detaillierte Erklärung dieses neuen Verständnisses liefern.

3. Übersehen der Rolle der Fünf Elemente im I Ging

Die Rolle der Fünf Elemente wurde im I Ging 3.0 nahezu vollständig vernachlässigt, wahrscheinlich aus den folgenden zwei Hauptgründen:

(1) Das Missverständnis über die Natur des Hinzufügens von Linien in der Dualität, den vier Bigrammen und den acht Trigrammen sowie der Glaube, dass ein Hexagramm eine einzelne Einheit ist (wie bereits erwähnt).

Dies führte dazu, dass die Gelehrten des I Ging 3.0 es versäumten, den Mechanismus und den Umfang des Einflusses der Fünf Elemente im I Ging klar zu definieren. Infolgedessen übersehen sie die Fünf Elemente als narrative Begründungswerkzeuge und integrierten stattdessen das Flussdiagramm und die Luo-Schrift als nummerische-symbologische Werkzeuge in das I Ging.

(2) Einschränkungen im Verständnis der Herkunft der Fünf Elemente.

Obwohl die Fünf Elemente schon lange existieren, wurden sie erstmals vor etwa 4.300 Jahren in "Die Neun Kategorien des Großen Plans" erwähnt, wo Ji Zi König Wu vor rund 4.300 Jahren beriet (im Vergleich zum I Ging, das von König Fu Xi vor etwa 4.700 Jahren initiiert wurde). Die Frage, woher die Fünf Elemente stammen, bleibt jedoch ungelöst. Dieses Fehlen eines Konsenses hat indirekt die Rolle der Fünf Elemente im I Ging beeinflusst.

Im Kapitel 5 präsentieren wir eine neue Entdeckung, dass die Fünf Elemente von den Acht Trigrammen erzeugt werden und dass die Fünf Elemente einen dominierenden Einfluss auf den gesamten Prozess der Interaktion und Transformation im Rahmen der unveränderlichen Gesetze des I Ging ausüben. Dies zeigt, dass die Einbeziehung der Fünf Elemente als zentraler Bestandteil des I Ging wesentlich ist und längst hätte erfolgen sollen (!).

III. Die Notwendigkeit von I Ging 4.0

Die Missverständnisse und Auslassungen im I Ging 3.0 haben zu schwerwiegenden Konsequenzen für die Entwicklung des I Ging im Allgemeinen geführt und insbesondere die Anwendung des I Ging zum Verständnis des „Gesetzes des Himmels" und zur Vorhersage von Zeitpunkten beeinträchtigt, darunter:

1. Das I Ging wurde in die Arme der nummerisch-symbolischen Sekte gedrängt, die metaphysisch, vage und manchmal von verzerrten Interpretationen durchzogen ist.

Aufgrund eines Missverständnisses der Natur der Dualität, der Vier Bigramme, der Acht Trigramme und insbesondere durch den Einfluss der Vorstellung, dass ein Hexagramm eine einzelne Einheit sei, waren die Gelehrten nach König Wen gezwungen, sich bei der Interpretation der Hexagramme auf Nummerologie und Symbolik zu stützen. Die Essenz der Nummerologie ist metaphysisch und mehrdeutig; jedes Symbol oder jede Zahl kann je nach individueller Perspektive auf verschiedene Weise interpretiert werden, was oft zu spekulativen und manchmal humorvollen Analysen führt. Im Folgenden ein Beispiel zweier völlig unterschiedlicher Interpretationen des Hexagramms „Berg über Wind", beide basieren auf Nummerologie, damit die Leser selbst urteilen können:.

> *„Dieses Hexagramm hat den Berg oben und den Wind unten; der Wind schlägt auf den Berg und wird zurückgeworfen. Dies symbolisiert Chaos und Unruhe und zeigt an, dass Arbeit ansteht."*

> *„Die Sonne unten ist nachgiebig, während Gen oben still ist; der unten ist nachgiebig, während der oben fest bleibt. Wenn der unten vom oben unterworfen wird, wird alles zugrunde gehen und muss neu aufgebaut werden. Untergang gefolgt von Wiederaufbau ist sehr passend und nützlich."*[14]

Es ist wirklich mehrdeutig und verwirrend!

2. Das Versäumnis, die Verfeinerung und Entwicklung der Funktion des I Ging zur Vorhersage des Lebenszeitpunkts zu unterstützen, während stattdessen eine verzerrte Grundlage für andere Wahrsagesysteme geschaffen wurde.

Der ursprüngliche Zweck des I Ging war die Wahrsagung von Dingen und Phänomenen, doch später verlagerte sich der Schwerpunkt auf Philosophie, Ideologie und Moral. Obwohl die Praxis der Verwendung der Hexagramme zur Wahrsagung auf der Vaticination basiert, bleibt diese stark eingeschränkt, da die Interpretationen abstrakt, mehrdeutig und vielschichtig sind. Der Hauptgrund dafür liegt darin, dass das I Ging von Missverständnissen und Auslassungen beeinflusst wurde, die seine Fähigkeit zur Entwicklung und Verfeinerung neuer Vorhersageinstrumente, die spezifischer, detaillierter und praxisnäher sind, behindert haben.

Diese Missverständnisse, ob unbeabsichtigt oder absichtlich, haben zudem eine fehlerhafte Grundlage geschaffen, auf der andere Wahrsagesysteme aufbauen konnten — wie das Flussdiagramm und die Luo-Schrift (die nicht ursprünglich aus dem I Ging stammen) für die Numero-Symbolik oder die Hexagramme (interpretiert nach dem Konzept des „Hexagramms als eine Einheit") für die Sechs Linien.

Hier sei angemerkt, dass wir lediglich über die vermuteten Grundlagen sprechen, die mit dem I Ging in Verbindung stehen und auf denen andere Wahrsagesysteme beruhen; es geht nicht darum, diese Systeme als richtig oder falsch zu bewerten. Ob eine Wahrsagung genau oder ungenau ist, hängt von der individuellen Reflexion ab.

3. Die Behinderung tiefergehender Forschung, die zur Entwicklung der I Ging-Studien beiträgt, wie das „fast stagnierende" Wachstum des I Ging in den letzten tausend Jahren zeigt.

Es ist offensichtlich, dass die Entwicklung der I Ging-Studien in den letzten tausend Jahren recht begrenzt war, wobei Gelehrte hauptsächlich bestehende Inhalte aus alten Texten wie der Vaticination, den Linien-Deutungen und den Zehn Flügeln kommentierten und annotierten, anstatt bahnbrechende Forschungen zu produzieren, die das I Ging auf ein neues Niveau heben. Unserer Meinung nach liegt der grundlegende Grund hierfür im Einfluss der oben genannten Missverständnisse und Auslassungen. Dies ist vergleichbar mit der Vorstellung, dass instabile Wurzeln verhindern, dass Äste und Blätter gedeihen können!

Daher ist es jetzt notwendig (wenn nicht sogar dringend), die grundlegenden und zentralen Fragen des I Ging neu zu bewerten. Nur durch den mutigen Abbau illusorischer und mehrdeutiger Theorien, die stark auf der Vorstellung „die Weisen haben es so geschaffen" beruhen, kann das I Ging im Lichte der modernen Wissenschaft erhellt werden. Dies wird vergleichende Forschungen fördern, die das I Ging mit verschiedenen anderen Disziplinen wie Zi Wei, westlichen Karten usw. verbinden und vereinen, um dessen Entwicklung zu fördern. Genau dies ist das Ziel von I Ging 4.0, das in diesem Buch behandelt wird.

KAPITEL 2

I GING 4.0 – BEGINN MIT EINER NEUEN DENKWEISE ÜBER DAS I GING

I. Die Geburt des I Ging

Die Legenden über den Ursprung des I Ging sind weitgehend spekulativ und wurden von späteren Gelehrten mit einem Hauch von Geheimnis umwoben, wobei nicht ausgeschlossen ist, dass persönliche Theorien in die Erzählung eingeflossen sind. Selbst das Flussdiagramm und die Luo-Schrift, die im „Großen Kommentar" (oder auch „Angefügte Texte" genannt) des I Ging erwähnt werden, wurden von späteren Generationen eingefügt. Erst zur Zeit von Kaiser Wu der Han-Dynastie (vor etwa 2.000 Jahren) zeichnete Kong Anguo, ein entfernter Nachkomme von Konfuzius, diese Diagramme auf Basis dieser Verweise, was zu den heute bekannten Diagrammen führte. Bei genauer Betrachtung dieser Diagramme ist es unklar, wie man die Acht Trigramme eindeutig aus dem Flussdiagramm und der Luo-Schrift ableiten könnte, außer durch komplizierte Interpretationen, die dem Prinzip des „Fußes, der dem Schuh angepasst wird", ähneln. Wir vermuten, dass zur Zeit von

Kong Anguo, als die Numero-Symbolik[15] in China florierte, ein Versuch unternommen wurde, diese Elemente in das I Ging einzufügen, um den Einfluss der Numero-Symbolik zu verstärken. Als Ergebnis haben wir nach einer Neubewertung des I Ging 3.0 das Flussdiagramm und die Luo-Schrift aus dem I Ging 4.0 entfernt, teils weil sie in Anbetracht unseres neuen Verständnisses des I Ging keine wesentliche Rolle mehr spielen.

Es waren also die alten Bewohner der Becken des Gelben Flusses und des Jangtse-Flusses in China, die über viele Generationen hinweg durch die Beobachtung und Verfolgung der Naturphänomene am Himmel und auf der Erde ein unveränderliches Gesetz entdeckten: Alle Dinge und Phänomene besitzen eine „Dualität". Zum Beispiel: Wo es den Himmel gibt, muss es auch die Erde geben; wo es einen Mann gibt, muss es auch eine Frau geben; wo es Wärme gibt, muss es auch Kälte geben; wo es einen König gibt, muss es auch Untertanen geben usw. – dies bildet Paare, die eine „Dualität" darstellen. Zur Zeit von Kaiser Fuxi wurde dieses Gesetz formalisiert, indem eine durchgehende Linie (—) verwendet wurde, um Yang darzustellen, und eine unterbrochene Linie (– –), um Yin zu repräsentieren, wodurch die „Dualität" beschrieben wurde. Dies wurde zum ersten grundlegenden Element beim Aufbau des Systems des I Ging.

II. Yang, Yin, Linie, Dualität und das Dualitätsgitter

Alle Dinge und Phänomene in der Natur oder Gesellschaft besitzen eine Dualität, eine duale Natur (Yang oder Yin) und eine duale Beziehung zu ihrementsprechenden Dualitäts-Gegenstück, wie im folgenden Diagramm veranschaulicht:

Dualität

Dualitäts-Gegenstück mit einer Yang-Natur   *Dualitäts-Gegenstück mit einer Yin-Natur*

In einer Dualität gibt es immer ein Dualitäts-Gegenstück mit einer Yang-Natur, das durch eine durchgezogene Linie (—) dargestellt wird, und ein Gegenstück mit einer Yin-Natur, das durch eine unterbrochene Linie (– –) symbolisiert wird.

Die Beziehung zwischen diesen beiden Gegenstücken wird als Dualitätsbeziehung[16] bezeichnet. Zum Beispiel hat der Himmel mit seiner Yang-Natur eine Dualitätsbeziehung zur Erde, die eine Yin-Natur besitzt; ebenso haben Männer mit einer Yang-Natur eine Dualitätsbeziehung zu Frauen, die eine Yin-Natur haben, und so weiter.

Allerdings ist die Dualitätsnatur eines Wesens oder Phänomens nicht auf eine einzige festgelegt, sondern hängt von seinem Dualitäts-Gegenstück ab. In Bezug auf ein Gegenstück kann es eine Yin-Natur haben, aber in Bezug auf ein anderes kann es eine Yang-Natur annehmen. Ein Mann kann zum Beispiel eine Yin-Natur aufweisen, wenn er mit einem stärkeren männlichen Gegenstück verglichen wird (wie ein Untertan zu einem König), aber im Vergleich zu einem schwächeren Gegenstück (wie ein Meister zu einem Diener) zeigt derselbe Mann eine Yang-Natur.[17] Auch die Wissenschaft hat dieses Prinzip durch das Verhalten des Lichts demonstriert, das manchmal als Teilchen (Yang) und manchmal als Welle (Yin) auftritt.

Das Konzept von Yin und Yang in I Ging 4.0 ist daher umfassender als die Vorstellungen von positiv und negativ in der Physik und stimmt nicht mit den „zwei gegensätzlichen Kräften" der westlichen Philosophie überein. Diese breitere Perspektive erlaubt es dem I Ging, die natürliche und soziale Welt umfassender widerzuspiegeln. Allerdings wirft dieses neue Verständnis eine bedeutende Frage auf, da es die Gültigkeit einiger zentraler Lehren des Buddhismus, wie der Vier Edlen Wahrheiten und der Drei Gifte, in Frage stellt. Wenn Yang und Yin in allen Dingen und Phänomenen immer zusammen existieren und nicht getrennt werden können, dann kann das vom Buddhismus angestrebte „Ende des Leidens" nie erreicht werden.

Zudem führt die „dynamische" Natur von Yang und Yin dazu, dass das, was für eine Person Leiden ist, für eine andere Glück bedeuten kann, wodurch das buddhistische Konzept des „Dukkha" (Leidens) nicht haltbar ist. Die daraus resultierende Implikation ist, dass spirituelle Praxis, ähnlich wie der „Pflaumenhain von Cao Cao" [18], möglicherweise nicht zu endgültigem Frieden führt. Stattdessen liegt der wahre Weg darin, die kosmischen Prinzipien oder das Gesetz des Himmels zu verstehen und zu befolgen, um ein perfektes Gleichgewicht zu erreichen.

Das neue Verständnis von Yin, Yang und Dualität hebt einen wichtigen Punkt hervor: Ein Wesen oder Phänomen besitzt nicht nur eine Dualitätsbeziehung, sondern mehrere Dualitätsbeziehungen zu anderen Dingen oder Phänomenen. Aus diesem Grund schlagen wir das Konzept des Dualitätsgitters vor, welches besagt, dass ein Dualitätsgitter das Netz von Dualitätsbeziehungen darstellt, das ein Wesen oder Phänomen mit seinen Dualitätsgegenstücken teilt. Die Umgebung, die diese Dualitätsbeziehungen innerhalb des Gitters unterstützt, wird als Dualitätsfeld bezeichnet.

Daraus ergibt sich, dass das Dualitätsgitter durch eine Dualitätskarte dargestellt werden kann, wie unten gezeigt, wobei die Anzahl der + und - Zeichen je nach Anzahl der Dualitätsbeziehungen des Wesens oder Phänomens variiert. Da jedes Wesen oder Phänomen mit dieser Karte geboren wird, können wir sagen, dass jeder Mensch, neben dem geerbten genetischen Plan von seinen Eltern, auch eine Dualitätskarte besitzt, die ihre Dualitätsbeziehungen zur umgebenden Welt im Moment ihrer Geburt widerspiegelt.

```
- - + - + - - + + - - + - - + + - + - - + - + + - - + - - - - + + - - + - - - - + + - + - + - + + - + - - - - + +
+ - + - + - - + + - + - + - + + - + - - - - + + - + - - + + - - + - - - + - - - + - + + - - - - + + - + + + +
+ - + - - + + - - + - - - + - - - + - + + - - - - + + - - + + - + - + - + + - + - - - - + + - + - - + + - - + -
+ - + - + - - + + - - - - - + - - - + - - - - + + - - + + - + - + - + + - + - - - - + + - + - - + + - - + - - - -
- + - - - + - + + - - - - + + - - + + - + - + - + + - + - - - - + + - + - - + - + - - - + - + + - - - - + + - - +
+ - + - + - + + - + - - - - + + - + - - + - + - - - + - + + - - - - + + - - + + - + - + - + + - + - - - - + + -
```

Ein Beispiel für eine Dualitätskarte.

Das Dualitätsgitter eines Wesens oder Phänomens existiert nicht isoliert, sondern ist Teil eines Clusters, das mehrere Dualitätsgitter verschiedener Dinge oder Phänomene enthält, die miteinander verbunden sind und als Dualitätscluster bezeichnet werden.

Die Konzepte des Dualitätsgitters und des Dualitätsclusters ermöglichen die Erklärung vieler Phänomene, die traditionell als „Schicksal" oder „Fate" gerechtfertigt wurden.

Wenn wir die Existenz des Dualitätsgitters und des Dualitätsclusters anerkennen, ergeben sich drei äußerst interessante Fragestellungen, die eine weitere tiefgehende Forschung erfordern:

(1) Wie hängen die Formen, Strukturen und Funktionen des Dualitätsgitters und des Dualitätsclusters mit dem Timing im I Ging, den Bedingungen im Buddhismus, dem Schicksal[19] im Zi Wei usw. zusammen? Die Beantwortung dieser Frage würde nicht nur einen bedeutenden Fortschritt für das I Ging und andere Wahrsagesysteme, sondern auch für verschiedene Wissenschafts- und Religionsfelder im Allgemeinen darstellen.

(2) Wenn Dualitätsbeziehungen existieren, gibt es dann auch eine Dualitätskraft? Wenn ja, wie ist die Natur dieser Dualitätskraft?

(3) Hängen das Dualitätsgitter und das Dualitätscluster mit etwas zusammen, das die Stringtheorie, eine moderne physikalische Theorie, nach der die Wissenschaftler hoffen, dass sie der Schlüssel zur Vereinheitlichung von allem ist, schon lange sucht?

Die Anerkennung der dynamischen Natur von Yin und Yang hilft auch, voreingenommene Denkweisen bei der Interpretation von Hexagrammen zu vermeiden. Dies ist eine häufige Fallstrick für Gelehrte des I Ging 3.0, die oft annehmen, dass Yang Güte und Stärke repräsentiert, während Yin Negativität und Schwäche symbolisiert. Dies wird durch die folgenden etwas willkürlichen und eher humorvollen Analysen von Hexagrammen veranschaulicht:

> *„Das Hexagramm ‚See über Himmel' hat fünf Yang-Linien und eine Yin-Linie. Die fünf Yang-Linien repräsentieren eine Gruppe von edlen Individuen, die vereint in ihrem Entschluss sind, die eine Yin-Linie zu beseitigen, die eine kleinliche Person symbolisiert. Daher vermittelt das Hexagramm eine Bedeutung der Entschlossenheit, und beim Treffen auf diese Linie wird angezeigt, dass letztendlich diekleinliche Person zugrunde gehen muss (die edlen Individuen werden siegen)."*

> *„Das Hexagramm ‚Donner über Erde' besteht aus fünf Yin-Linien und einer Yang-Linie. Die Yang-Linie repräsentiert einen fähigen und tugendhaften Berater (Yang) neben einem schwachen König, dargestellt durch die fünfte Linie, die Yin ist. Die Yang-Linie des Beraters ist unter der Yin-Linie des Königs, wodurch er den König unterstützt und der Gesellschaft Freude bringt."*[20]

Ein fähiger und tugendhafter Berater, der einem schwachen König helfen und Freude in die Gesellschaft bringen kann, ist in der Tat ein luxuriöser und humorvoller Traum!

In der gegenwärtigen I Ging gibt es viele verzerrte und stagnierende Interpretationen, wie die oben genannten, die weitgehend durch den Einfluss des konfuzianischen Denkens und der Numerologie auf die Gelehrten des I Ging 3.0 bedingt sind. Diese Ansichten spiegeln nicht nur eine patriarchalische Denkweise wider, sondern zeigen auch ein statisches Verständnis von Dualität. Während Menschen eine Seite der Dualität bevorzugen können, ist die Natur immer beiden, Yang und Yin, gegenüber gerecht. Es ist nicht so, dass Yang von Natur aus gut und Yin von Natur aus schlecht ist; vielmehr hängt das, was als gut oder schlecht angesehen wird, vom Kontext und den beteiligten Beziehungen ab.

Hier ist es wichtig, ein scheinbar nebensächliches Thema

zu erwähnen, das jedoch nachhaltige Auswirkungen auf Gesellschaften in Ländern hat, die vom Konfuzianismus beeinflusst sind. Obwohl der Ahnenkult bereits vor dem Aufkommen des Konfuzianismus praktiziert wurde, wurde die Vorstellung, dass nur Männer Ahnenaltäre errichten können, während Frauen „ihren Männern nach der Ehe folgen müssen", durch konfuzianische Lehren verstärkt. Dies steht jedoch im Widerspruch zu den Prinzipien der I Ging. Die Philosophie der I Ging gewährleistet, dass jedes Wesen oder Phänomen immer eine Dualität für Balance und Stabilität aufweist. Ein Ahnenaltar, der nur die männliche Linie ehrt, entspricht nicht diesem grundlegenden Prinzip der I Ging. Derzeit ändern viele Familien ihre Ansichten, indem sie sich vom Konfuzianismus zur Philosophie der I Ging hinbewegen und in ihren Häusern sowohl die männliche als auch die weibliche Ahnenlinie ehren, um Balance und Nachhaltigkeit anzustreben. Dieses Konzept ist fest in den Prinzipien der I Ging verwurzelt und es lohnt sich, es zu verfolgen, insbesondere da die I Ging eine Geschichte von fast 5.000 Jahren hat, während der Konfuzianismus nur etwa 2.500 Jahre alt ist. Sogar der Gründer und Förderer des Konfuzianismus, Konfuzius selbst, äußerte in Kapitel 17 der Analekten sein Bedauern und sagte: „加我數年，五十以學《易》，可以無大過矣 – Wenn ich mit fünfzig Jahren noch ein paar Jahre Zeit hätte, um die I Ging zu studieren, könnte ich große Fehler vermeiden." Dies zeigt deutlich, dass die Philosophie der I Ging nicht trivial ist.

III. Die Vier Bigrams und ihre Bedeutungen

Die Vier Bigrams repräsentieren den Übergang von Dingen oder Phänomenen von einem statischen Zustand (nicht oder noch nicht in Interaktion), dargestellt durch eine Linie, die einen dualen Gegenpart symbolisiert, zu einem dynamischen Zustand (Interaktion), repräsentiert durch drei Linien, die drei duale Gegenparts anzeigen (siehe den Abschnitt über die Acht Trigramme unten).

Die Vier Bigrams sind nicht einfach das Ergebnis einer quantitativen Addition: „yang plus yang ergibt volleres yang; yang plus yin ergibt geringer yang; yin plus yin ergibt volleres yin; yin plus yang ergibt geringer yin", wie es die gegenwärtigen Interpretationen des I Ging fälschlicherweise nahelegen. In Wirklichkeit ist es das Ergebnis der Addition eines dualen Gegenparts zu einem anderen dualen Gegenpart, der nicht derselben Dualität angehört.

Um Missverständnisse zu vermeiden und eine Verbindung zum interaktiven Zustand (drei Linien) herzustellen, schlagen wir neue Namen für die vier Situationen der Vier Bigrams wie folgt vor:

Vier Bigrams

Yang ohne Erdlinie	Yang ohne Himmelslinie	Yin ohne Erdlinie	Yin ohne Himmelslinie

Theoretisch sind alle vier Situationen weiterhin „mangelhaft", was bedeutet, dass sie nicht „ausreichend" sind, um Interaktionen zu ermöglichen, die es Dingen und Phänomenen erlauben, sich innerhalb des Rahmens der unveränderlichen Gesetze des I Ging zu transformieren.

• **Yang ohne Erdlinie**: Dieser Zustand hat nur die Menschenlinie (yang) und die Himmelslinie, es fehlt die Erdlinie.

• **Yang ohne Himmelslinie**: Dieser Zustand hat nur die Menschenlinie (yang) und die Erdlinie, es fehlt die Himmelslinie.

• **Yin ohne Erdlinie**: Dieser Zustand hat nur die Menschenlinie (yin) und die Himmelslinie, es fehlt die Erdlinie.

• **Yin ohne Himmelslinie**: Dieser Zustand hat nur die Menschenlinie (yin) und die Erdlinie, es fehlt die Himmelslinie.

Im I Ging 4.0 beziehen wir uns zu Unterscheidungszwecken auf die drei Linien in einem Trigramm als 'Erde – Mensch – Himmel', ohne spezifische Bedeutungen anzudeuten, wie Himmel yang, Erde yin oder Mensch neutral. Daher kann die Himmelslinie auch eine yin-Natur (- -) aufweisen, während die Erdlinie ebenfalls eine yang-Natur (—) zeigen kann.

Aus unserer Sicht können die Vier Bigrams als ein Zustand des „Wartens" auf eine Interaktion angesehen werden. Zum Beispiel könnte ein Mann (yang) Zeit, aber noch keinen Raum haben, oder er könnte Geist, aber noch kein Material besitzen, um eine Transaktion mit einer Frau (yin) abzuschließen. Die tatsächliche Transaktion wird stattfinden, wenn sie „ausreichend" wird (d.h. drei Linien), und wird nicht stattfinden, wenn sie in einem „mangelhaften" Zustand bleibt.

IV. Die Acht Trigramme und die Natur der drei Linien

Die Acht Trigramme bestehen aus acht Trigrammen namens Qian, Dui, Li, Zhen, Sun, Kan, Gen und Kun. Jedes Trigramm wird durch drei Linien dargestellt, die wir als Himmelslinie (oben), Menschenlinie (mitte) und Erdlinie (unten) bezeichnen.

Ob zufällig oder absichtlich, die Gründer des I Ging waren bemerkenswert erfinderisch, indem sie erkannten, dass jedes Phänomen oder jede Entität im I Ging niemals nur mit einer einzelnen Linie interagiert, sondern immer mit zwei anderen begleitenden Linien. Ein herausragendes Beispiel ist ein Mann (yang) und eine Frau (yin); wenn sie alleine stehen (dargestellt durch eine Linie), ohne von einer Linie begleitet zu werden, die den Geist repräsentiert, und einer Linie, die das Materielle darstellt, oder in einem anderen Kontext, einer Linie, die den Raum repräsentiert, und einer Linie, die die Zeit darstellt, kann keine Interaktion stattfinden. Daher muss jede Transaktion drei Linien (ein Trigramm) umfassen, was bedeutet, dass drei Linien sowohl ausreichend als auch harmonisch sind. Eine Linie repräsentiert einen statischen (nicht interaktiven) Zustand, zwei Linien (die Vier Bigrams) bleiben unvollständig für eine Interaktion, während vier Linien übermäßig wären. Dies ist eine einzigartige Wahl der Schöpfer des I Ging, die beim Stapeln von drei Linien für die Bildung der Acht Trigramme anhielten, anstatt eine vierte Linie hinzuzufügen.

Hier können wir auch die subtile Brillanz der Dreifaltigkeitsphilosophie erkennen, die sowohl im Osten als auch im Westen, in weltlichen und spirituellen Angelegenheiten weit anerkannt ist. Beispiele hierfür sind die Regierungsdreifaltigkeit von Legislative, Exekutive und Judikative; die buddhistische Dreifaltigkeit von Buddha, Dharma und Sangha; die christliche Heilige Dreifaltigkeit von Vater, Sohn und Heiligem Geist; Himmel, Erde und Mensch; Links, Zentrum und Rechts und so weiter. In der Physik besteht die Struktur des Atoms aus Protonen, Neutronen und Elektronen, nicht nur aus Protonen (positiv) und Elektronen (negativ), wie viele zuvor angenommen hatten[21]. Im Alltag ist eine dreipolige Steckdose, die aus heißen, neutralen und Erdungsdrähten besteht, immer ausgewogener und stabiler als die alte zweipolige Variante. Im folgenden Abschnitt über die Fünf Elemente werden die Leser die Wunder der "Dreiecke" aus drei Elementen entdecken (die auch den drei Linien in jedem Trigramm entsprechen), die jeweils genau das richtige und angemessene Gleichgewicht zwischen schöpferischen und zerstörerischen Beziehungen enthalten und so Harmonie und Stabilität gewährleisten.

Acht Trigramme

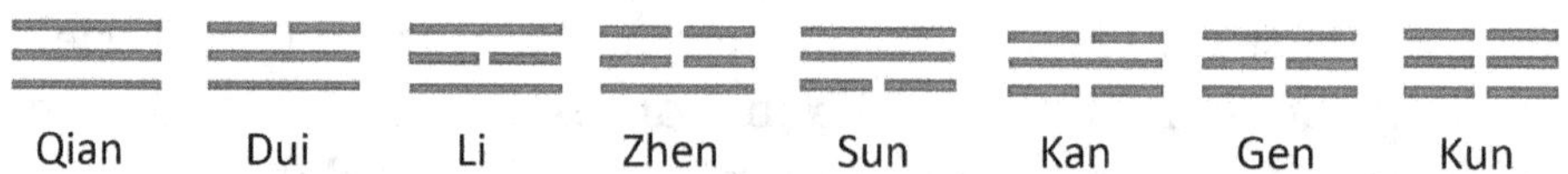

Mit diesem neuen Verständnis besteht jedes Trigramm aus drei Linien, wobei die Menschenlinie die Hauptlinie spielt, die den Initiator[22] des betrachteten Subjekts oder Ereignisses repräsentiert, während die Himmel- und Erdlinien als Begleiter fungieren, die die Menschenlinie unterstützen. Hier gibt es eine interessante Zufälligkeit, obwohl die Argumentation unterschiedlich ist. Traditionell haben I Ging-Gelehrte den zentralen Linien (der 2. und 5. Linie) besondere Bedeutung beigemessen und betrachtet die Mitte als die wichtigste Position einer Linie. Dies könnte durch den Einfluss des Konfuzianismus bedingt sein, der "Zentralität" (zhong) als die wichtigste Tugend in der Beziehung zwischen Herrscher und Untertan ansieht. Unser neues Verständnis des I Ging betrachtet auch die Menschenlinien als die Hauptlinien des Hexagramms, jedoch aufgrund ihrer Funktion und nicht aufgrund des konfuziusischen Konzepts der Zentralität.

Die neue Erkenntnis über die Natur der Trigramme und der drei Linien wirft auch eine sehr interessante Frage auf: "Existiert der Urknall wirklich?". In unserem Universum hat die Wissenschaft die Existenz von Schwarzen Löchern bestätigt, die Materie anziehen, weshalb es auch Weiße Löcher geben muss, die Materie freisetzen. Da dies einen Zustand der Transaktion darstellt, muss es auch eine dritte Struktur geben, vorläufig als Neutronenlöcher bezeichnet, die eine Rolle bei der Kontrolle des übermäßigen Anziehens oder Freisetzens von Materie durch einen gegenseitigen Generierungs-/ Einschränkungsmechanismus spielt, um das Gleichgewicht aufrechtzuerhalten. Weiße Löcher und Neutronenlöcher sind jedoch noch nicht entdeckt worden. Könnte es sein, dass die Ausdehnung des Universums nicht durch den Urknall verursacht wird, sondern durch Weiße Löcher, die Materie freisetzen? Wenn dem so ist, könnte der Urknall nicht existieren, und stattdessen könnten wir ein "zyklisches System" beobachten, in dem Materie durch Schwarze Löcher angesogen und durch Weiße Löcher ausgestoßen wird, was die Expansion des Universums antreibt.

Bei der Interpretation einer I-Ching-Kombination werden die Linien von Erde und Himmel basierend auf dem spezifischen Kontext der Situation bestimmt. Im Allgemeinen betrachten wir die Erdlinie als Repräsentation der Materie und die Himmelslinie als den qi-Faktor. Zum Beispiel, wenn sich die Erdlinie auf materielle Aspekte bezieht, bezieht sich die Himmelslinie auf spirituelle Aspekte; wenn die Erdlinie Ressourcen repräsentiert, steht die Himmelslinie für Strategie und so weiter. Dies ist jedoch eine komplexe und bedeutende Thematik, und jeder Fall erfordert eine sorgfältige Analyse, um die Rollen dieser Linien vollständig und genau zu bestimmen.

V. Sechsundsechzig Kombinationen mit Subjekt- und Objekt-Trigrammen

Die Gründer des I Ging waren logisch und kreativ, als sie zwei Trigramme aus den Acht Trigrammen stapelten, um ein Hexagramm zu bilden, das lange Zeit als „doppelte Trigramme" bezeichnet wurde. Leider wurde bis heute kein Dokument gefunden, das die Überlegungen von König Fuxi oder König Wen darüber aufzeichnet, warum sie zwei Trigramme statt drei oder vier gestapelt haben. Einige spekulieren, dass die acht Trigramme zu wenig waren, um damit zu arbeiten, sodass sie sie stapeln mussten, um 64 Hexagramme zu bilden. Diese Erklärung ist jedoch spekulativ und grundlegend fehlerhaft, denn wenn das Ziel nur darin bestanden hätte, mehr Hexagramme zu schaffen, hätten sie auch drei, vier oder sogar mehr Trigramme stapeln können – warum also bei zwei anhalten?

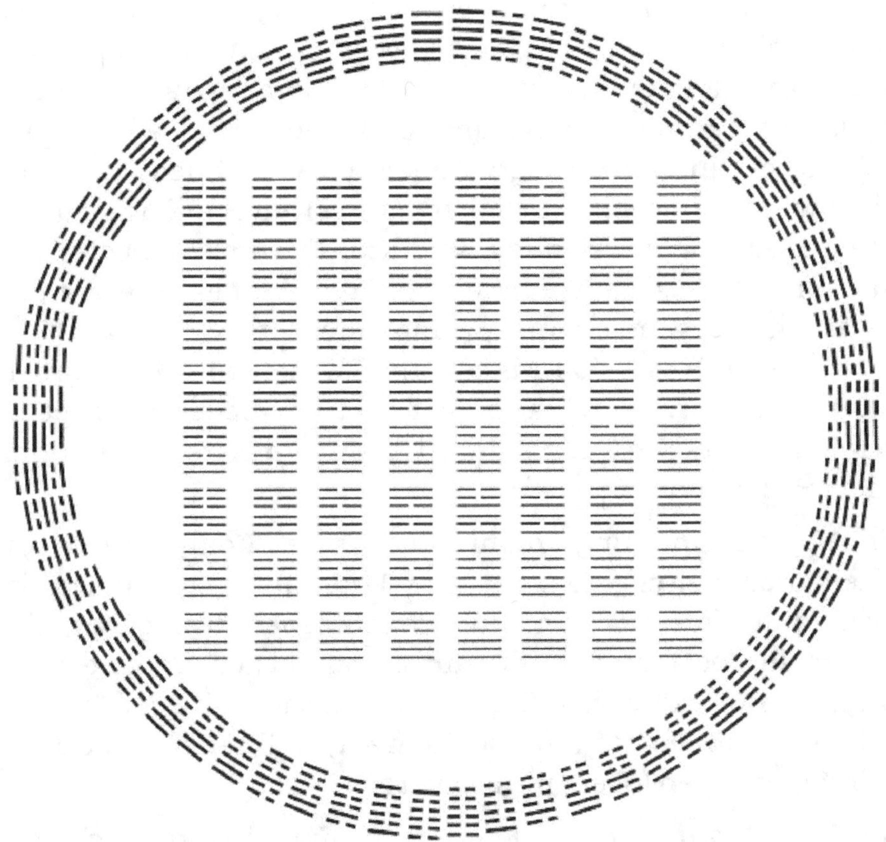

*Die 64 Hexagramme in einer quadratischen (inneren)
und kreisförmigen (äußeren) Anordnung*

Philosophisch gesehen beinhaltet jede Transaktion immer ein Subjekt (dargestellt durch ein Trigramm im I Ging) und ein Objekt (auch dargestellt durch ein Trigramm im I Ging), die miteinander interagieren und es ermöglichen, dass Dinge und Phänomene im Rahmen unveränderlicher Gesetze transformiert werden.

Die Existenz des Paares aus Subjekt und Objekt ist eine objektive Notwendigkeit, und keines kann vom anderen getrennt werden. Daher verstößt die Betrachtung des Hexagramms als eine Einheit gegen dieses grundlegende philosophische Prinzip. Was lange Zeit als Hexagramm bezeichnet wurde, ist in Wirklichkeit eine Kombination aus zwei verschiedenen Trigrammen, die wir das Subjekt-Trigramm und das Objekt-Trigramm nennen. Diese beiden Trigramme interagieren miteinander, sind jedoch keine Teile eines einzigen Hexagramms mit sechs Linien, die von 1 (der unteren Linie) bis 6 (der oberen Linie) nummeriert sind, wie es im I Ging 3.0 verstanden wird. Im Gegenteil, sie bewahren ihre Unabhängigkeit während der Prozesse des Alternierens, Ergänzens, Gegenwirkens, Harmonierens usw., wodurch sie die Transformation von Dingen und Phänomenen bestimmen. Aus diesem Grund schlagen wir vor, ein neues Konzept zu verwenden, „Kombination" anstelle von „doppeltem Trigramm" oder „Hexagramm".

In Übereinstimmung damit ist „eine Kombination die Interaktion zwischen dem Subjekt-Trigramm und dem Objekt-Trigramm, die es Dingen und Phänomenen ermöglicht, sich innerhalb des Rahmens der unveränderlichen Gesetze des I Ging zu transformieren. In einer Kombination ist das Subjekt-Trigramm innen (unten) positioniert, während das Objekt-Trigramm außen (oben) positioniert ist. "

In Bezug auf die Linien einer Kombination schlagen wir ein neues Benennungssystem vor, das mit unserem neuen Verständnis von Trigrammen und Kombinationen übereinstimmt, anstelle der alten Bezeichnung als Linien 1 (untere Linie), 2, 3, 4, 5 und 6 (obere Linie). Folgendes wird vorgeschlagen:

(1) Subjekt-Trigramm: Von unten nach oben werden die drei Linien als Subjekt Erde, Subjekt Mensch und Subjekt Himmel benannt.

(2) Objekt-Trigramm: Von unten nach oben werden die drei Linien als Objekt Erde, Objekt Mensch und Objekt Himmel benannt.

Die Linien innerhalb einer Kombination werden den Erdzweigen zugeordnet, um ihre Elemente zu bestimmen, was die Analyse der Interaktionen zwischen den Linien unterstützt. Siehe die nachstehenden Abschnitte für die Erdzweige und Elemente, die jeder Linie entsprechen.

In jeder Kombination ist das Ergebnis der Interaktion zwischen dem Subjekt-Trigramm und dem Objekt-Trigramm das Ergebnis multidimensionaler Interaktionen zwischen den Linien beider Trigramme. Dieses Ergebnis zeigt die Richtung der Veränderung des betrachteten Materials. Es ist jedoch wichtig zu beachten, dass dies kein einfacher Prozess von Addition oder Subtraktion ist, wie „mehr Generation bedeutet größeren Gewinn" oder „mehr Zerstörung bedeutet größeren Verlust". Die Interaktionen der fünf Elemente folgen ihren eigenen Gesetzen und streben immer nach Gleichgewicht. Zum Beispiel gibt es zusammen mit der Generation immer auch Zerstörung, um „den durch Generation verursachten Überschuss zu regulieren", oder zusammen mit der Zerstörung gibt es immer auch Generation, um „den durch Zerstörung verursachten Schaden zu kompensieren". Für weitere Details siehe die grundlegenden Prinzipien der fünf Elemente im Kapitel 5.

Die folgende Tabelle ist ein Beispiel, das die Kombination „Erde über Himmel" veranschaulicht:

ERDE ÜBER HIMMEL

TRIGRAMM	ELEMENT DES TRIGRAMM	LINIEN	NATUR DES LINIE	NATUR DES POSITION	ELEMENT DER LINIE
Objekt	Erde	Obj. Himmel	Yin	Yin	Feuer
		Obj. Mensch	Yin	Yang	Erde
		Obj. Erde	Yin	Yin	Metall
Subjekt	Metall	Sub. Himmel	Yang	Yang	Erde
		Sub. Mensch	Yang	Yin	Holz
		Sub. Erde	Yang	Yang	Wasser

Hinweis: Wenn die Natur der Linie mit der Natur der Position übereinstimmt, wird die Linie als „richtig positioniert" bezeichnet. Weichen sie voneinander ab, nennt man sie „fehlpositioniert".[23].

Die Unterscheidung zwischen dem Subjekt-Trigramm und dem Objekt-Trigramm, zusammen mit ihren entsprechenden Linien für Himmel, Erde und Mensch, zeigt, dass die alten Chinesen, auch wenn es nicht ausdrücklich gesagt wurde, sich des philosophischen Prinzips von Subjekt und Objekt bewusst waren. Dies verdeutlicht auch, dass die Verbesserung des eigenen Schicksals (Zeitpunkt der Veränderung) auf einem soliden Fundament basiert und dass das Sprichwort „Tugend besiegt das Schicksal", im übertragenen Sinne verstanden, plausibel ist und nicht nur ermutigende Worte sind. Durch den Einfluss auf die Linien der Erde und des Himmels im Subjekt-Trigramm können Menschen ihr eigenes Schicksal teilweise verbessern. Ein sehr praktisches Beispiel hierfür ist die Langlebigkeit. In den frühen Tagen des I Ging war die menschliche Lebenserwartung recht kurz, und es war selten, jemanden zu sehen, der 50 Jahre alt wurde, während heute viele Menschen 80 oder 90 Jahre alt werden. Diese Steigerung der

Lebenserwartung liegt nicht an einer Änderung des Schicksals oder der Gene, sondern daran, dass sich das Lebensumfeld (physische Bedingungen) und die Lebenseinstellung (mentale Haltung) verbessert haben, was bedeutet, dass die Linien für Erde und Himmel heute besser sind als in der Vergangenheit. Es ist wichtig zu betonen, dass die hier erwähnte Verbesserung des eigenen Schicksals wissenschaftlich auf den Prinzipien des I Ging beruht und nicht durch abergläubische Praktiken wie Rituale oder Wahrsagerei erreicht wird. Wir werden dieses faszinierende Thema im kommenden Buch *„Die Kombination von I Ging, Zi Wei und westlichen Karten zur Vorhersage und Verbesserung des Schicksals"* weiter erforschen.

In Bezug auf die Frage „ Ist es möglich, im Voraus zu wissen, wie die Linien des Objekt-Trigramms mit ihren entsprechenden Linien des Subjekt-Trigramms interagieren werden, um proaktiv einzugreifen?", lautet die Antwort: Nein. Dies liegt daran, dass das Heisenbergsche Unschärfeprinzip[24] aus der Quantenmechanik auch in diesem Fall zutrifft. Es besagt, dass „es unmöglich ist, sowohl die Linien des Subjekt-Trigramms als auch die Linien des Objekt-Trigramms genau zu kennen, bevor sie offiziell innerhalb einer Kombination interagieren; je mehr wir über die Linien des Subjekt-Trigramms wissen, desto weniger wissen wir über die Linien des Objekt-Trigramms und umgekehrt."

Die Parallele zwischen den Prinzipien des I Ging und der Quantenphysik ist hier wirklich faszinierend!

Zusammenfassend lässt sich sagen, dass das neue Verständnis der Trigramme, Kombinationen und Linien nicht nur die Fehler, Missverständnisse und Unzulänglichkeiten im traditionellen Verständnis des I Ging korrigiert, die über 2.000 Jahre lang fortbestanden haben, sondern auch in verschiedenen anderen Bereichen von Nutzen ist. Zum Beispiel:

• Es liefert eine klarere Definition des „Timings" – ein äußerst wichtiger Faktor bei der Erforschung des I Ging;

• Es hilft dabei, die Weissagung und Linienerklärungen der frühen Gelehrten des I Ging umfassender neu zu interpretieren und dabei die Fallstricke der metaphysischen Zahlentheorien, der Mehrdeutigkeiten und der oft voreingenommenen Botschaften zu vermeiden, die diese möglicherweise vermitteln;

• Es ermöglicht eine tiefere Analyse der Beziehung zwischen dem Subjekt-Trigramm und dem Objekt-Trigramm sowie zwischen den Linien, um den Zeitpunkt im Leben besser vorherzusagen;

• Es kann neue Forschungsansätze eröffnen und dazu beitragen, das I Ging nach Jahrtausenden der Stagnation auf eine höhere Ebene zu entwickeln.

Details zu den 64 Kombinationen sowie zur Weissagung, den Linienerklärungen und den Vorhersagen der Kombinationen werden in den folgenden Abschnitten vorgestellt.

VI. Variationstrends im I Ging

Wie im vorherigen Abschnitt dargestellt, ist das Yi des I Ging die Interaktion zwischen dem Subjekt-Trigramm und dem Objekt-Trigramm, die es ermöglicht, dass Dinge und Phänomene sich im Rahmen unveränderlicher Gesetze transformieren. Diese Transformation ist weder zufällig noch ziellos; sie folgt einer klaren Richtung. Bemerkenswert ist, dass die Prinzipien des I Ging die Vorhersage dieses Veränderungstrends durch 64 situationsbedingte Variationen (als "Timing" bezeichnet) ermöglichen, die den 64 Kombinationen wie folgt entsprechen:

1. Die Kombination „**Himmel über Himmel**" entspricht dem Timing „**Qián**"

2. Die Kombination „**Erde über Erde**" entspricht dem Timing „**Kūn**"

3. Die Kombination „**Wasser über Donner**" entspricht dem Timing „**Zhun**"

4. Die Kombination „**Berg über Wasser**" entspricht dem Timing „**Méng**"

5. Die Kombination „**Wasser über Himmel**" entspricht dem Timing „**Xū**"

6. Die Kombination „**Himmel über Wasser**" entspricht dem Timing „**Sòng**"

7. Die Kombination „**Erde über Wasser**" entspricht dem Timing „**Shī**"

8. Die Kombination „**Wasser über Erde**" entspricht dem Timing „**Bǐ**"

9. Die Kombination „**Wind über Himmel**" entspricht dem Timing „**Xiǎo Xù**"

10. Die Kombination „**Himmel über See**" entspricht dem Timing „**Lǚ**"

11. Die Kombination „**Erde über Himmel**" entspricht dem Timing „**Tài**"

12. Die Kombination „**Himmel über Erde**" entspricht dem Timing „**Pǐ**"

13. Die Kombination „**Himmel über Feuer**" entspricht dem Timing „**Tóng Rén**"

14. Die Kombination „**Feuer über Himmel**" entspricht dem Timing „**Dà Yǒu**"

15. Die Kombination „**Erde über Berg**" entspricht dem Timing „**Qiān**"

16. Die Kombination „**Donner über Erde**" entspricht dem Timing „**Yù**"

17. Die Kombination „**See über Donner**" entspricht dem Timing „**Suí**"

18. Die Kombination „**Berg über Wind**" entspricht dem Timing „**Gǔ**"

19. Die Kombination „**Erde über See**" entspricht dem Timing „**Lín**"

20. Die Kombination „**Wind über Erde**" entspricht dem Timing

„Guān"

21. Die Kombination „**Feuer über Donner**" entspricht dem Timing „**Shì Ké**"

22. Die Kombination „**Berg über Feuer**" entspricht dem Timing „**Bì**"

23. Die Kombination „**Berg über Erde**" entspricht dem Timing „**Bō**"

24. Die Kombination „**Erde über Donner**" entspricht dem Timing „**Fù**"

25. Die Kombination „**Himmel über Donner**" entspricht dem Timing „**Wú Wàng**"

26. Die Kombination „**Berg über Himmel**" entspricht dem Timing „**Dà Xù**"

27. Die Kombination „**Berg über Donner**" entspricht dem Timing „**Yí**"

28. Die Kombination „**See über Wind**" entspricht dem Timing „**Dà Guò**"

29. Die Kombination „**Wasser über Wasser**" entspricht dem Timing „**Kǎn**"

30. Die Kombination „**Feuer über Feuer**" entspricht dem Timing „**Lí**"

31. Die Kombination „**See über Berg**" entspricht dem Timing „**Xián**"

32. Die Kombination „**Donner über Wind**" entspricht dem Timing „**Héng**"

33. Die Kombination „**Himmel über Berg**" entspricht dem Timing „**Dùn**"

34. Die Kombination „**Donner über Himmel**" entspricht dem Timing „**Dà Zhuàng**"

35. Die Kombination „**Feuer über Erde**" entspricht dem Timing „**Jìn**"

36. Die Kombination „**Erde über Feuer**" entspricht dem Timing „**Míng Yí**"

37. Die Kombination „**Wind über Feuer**" entspricht dem Timing „**Jiā Ré**"

38. Die Kombination „**Feuer über See**" entspricht dem Timing „**Kuí**"

39. Die Kombination „**Wasser über Berg**" entspricht dem Timing „**Jiǎn**"

40. Die Kombination „**Donner über Wasser**" entspricht dem Timing „**Jiě**"

41. Die Kombination „**Berg über See**" entspricht dem Timing „**Sǔn**"

42. Die Kombination „**Wind über Donner**" entspricht dem Timing „**Yì**"

43. Die Kombination „**See über Himmel**" entspricht dem Timing „**Guà**"

44. Die Kombination „**Himmel über Wind**" entspricht dem Timing „**Gòu**"

45. Die Kombination „**See über Erde**" entspricht dem Timing „**Cuì**"

46. Die Kombination „**Erde über Wind**" entspricht dem Timing „**Shēng**"

47. Die Kombination „**See über Wasser**" entspricht dem Timing „**Kùn**"

48. Die Kombination „**Wasser über Wind**" entspricht dem Timing „**Jǐng**"

49. Die Kombination „**See über Feuer**" entspricht dem Timing „**Gé**"

50. Die Kombination „**Feuer über Wind**" entspricht dem Timing „**Dǐng**"

51. Die Kombination „**Donner über Donner**" entspricht dem

Timing „**Zhèn**"

52. Die Kombination „**Berg über Berg**" entspricht dem Timing „**Gèn**"

53. Die Kombination „**Wind über Berg**" entspricht dem Timing „**Jiàn**"

54. Die Kombination „**Donner über See**" entspricht dem Timing „**Guī**"

55. Die Kombination „**Donner über Feuer**" entspricht dem Timing „**Fēng**"

56. Die Kombination „**Feuer über Berg**" entspricht dem Timing „**Lǚ**"

57. Die Kombination „**Wind über Wind**" entspricht dem Timing „**Xùn**"

58. Die Kombination „**See über See**" entspricht dem Timing „**Duì**"

59. Die Kombination „**Wind über Wasser**" entspricht dem Timing „**Huàn**"

60. Die Kombination „**Wasser über See**" entspricht dem Timing „**Jié**"

61. Die Kombination „**Wind über See**" entspricht dem Timing „**Zhōng Fú**"

62. Die Kombination „**Donner über Berg**" entspricht dem Timing „**Xiǎo Guò**"

63. Die Kombination „**Wasser über Feuer**" entspricht dem Timing „**Jì Jì**"

64. Die Kombination „**Feuer über Wasser**" entspricht dem Timing „**Wèi Jì**"

So stellt jedes Ereignis, egal ob klein oder groß, langsam oder schnell, von kurzer oder langer Dauer, eine Kombination dar und tendiert dazu, sich gemäß seiner entsprechenden situativen Variation zu transformieren, beeinflusst durch die Merkmale dieser situativen Variation. Dieses neue Verständnis der Natur variationaler Trends ermöglicht die Interpretation von Phänomenen, die mit "guten Timing" (Erfolg mit minimalen Ressourcen) und "schlechten Timing" (Misserfolg selbst mit maximalen Ressourcen) verbunden sind. Die detaillierten Merkmale jeder situativen Variation (Timing) werden in I Ging 2.0 durch **Vahrsagungen** beschrieben, in I Ging 3.0 sowohl durch **Vahrsagungen** als auch durch **Linienbezeichnung**, und in I Ging 4.0 durch **Kombinationseinblicke** (siehe mehr in Kapitel 3).

VII. Timing im I Ging

Zeit wird in der Philosophie des I Ging als ein äußerst wichtiger Faktor betrachtet. Es heißt, dass Konfuzius, als er über das I Ging sprach, bemerkte: „周易一部书可一言而蔽之，曰時", was bedeutet: „Der gesamte Text des I Ging lässt sich in einem Wort zusammenfassen: Zeit." Diese Aussage ist tatsächlich wahr. Allerdings ist unserer Ansicht nach das aktuelle Verständnis von „Zeit" im I Ging 3.0 ungenau und anfällig für Missverständnisse.

Das gängige Verständnis von Zeit im I Ging 3.0, das besagt: „Jedes Hexagramm repräsentiert eine Zeit, und jede Linie repräsentiert eine Unterzeit innerhalb des Hexagramms"[25], enthält zwei Aspekte, die geklärt werden müssen, um Missverständnisse zu vermeiden:

Erstens: Bezieht sich "Zeit" im I Ging auf eine bestimmte Zeit/ einen Zeitpunkt oder auf „Zeitpunkt" im Sinne von „richtiger Zeitpunkt" (Timing)?

Es scheint, dass „Zeit" im I Ging 3.0 als konkrete Zeit oder Zeitpunkt verstanden wird. Dies zeigt sich in der Liniendeutung vieler Hexagramme, bei denen die Linien oft von Linie 1 (unterste Linie) bis Linie 6 (oberste Linie) in einer zeitlichen Abfolge beschrieben werden. Zum Beispiel stellt im Hexagramm „Himmel über Himmel" die Linie 1 die Phase der Verborgenheit dar, die Linie 2 die Phase des Auftauchens, die Linie 3 die Phase des Wartens auf den richtigen Moment, die Linie 4 die Phase des

Aufstiegs, die Linie 5 die Phase des Erfolgs und die Linie 6 die Phase des Rückzugs.[26]

In der Praxis, wenn das I Ging 3.0 zur Wahrsagung konsultiert wird, missverstehen viele Menschen "Zeit" auch als "einen bestimmten Punkt im Fortschritt des betrachteten Phänomens". Zum Beispiel, wenn jemand das I Ging 3.0 zu einem Investitionsprojekt ABC befragt und das Hexagramm "Erde über Himmel" erhält, interpretieren sie dies möglicherweise als Hinweis auf einen bestimmten Zeitpunkt im Verlauf des Projekts ABC.

Jedoch, gemäß dem neuen Verständnis, das wir oben dargelegt haben, bezieht sich das Wesen der "Zeit" im I Ging tatsächlich auf den "richtigen Zeitpunkt" (Timing) mit 64 Szenarien, anstatt auf die Zeit oder einen bestimmten Zeitpunkt. Daher sollte die korrekte Interpretation im Beispiel des Projekts ABC lauten: "Erde über Himmel repräsentiert das Timing des Projekts ABC."

Zweitens: Haben die Linien „Zeit"? Falls ja, welche Art von „Zeit" ist das?

Das Zuweisen eines bestimmten Zeitpunkts oder Stadiums zu den Linien ist ein Missverständnis, das aus der Auffassung resultiert, das „Hexagramm als eine einzelne Einheit mit von 1 bis 6 nummerierten Linien" zu betrachten. Nach dem neuen Verständnis des I Ging repräsentieren die sechs Linien der Subjekt- und Objekt-Trigramme im Wesentlichen sechs Dualitätsgegenstücke (darunter zwei Haupt- und vier unterstützende Dualitätsgegenstücke), die paarweise miteinander interagieren und es den Dingen und Phänomenen ermöglichen, sich innerhalb des Rahmens der unveränderlichen Gesetze des I Ging zu transformieren.

Wenn wir die „Zeit" der Linien betrachten, wird klar, dass alle sechs Linien gleichzeitig existieren und den Moment repräsentieren, in dem das Subjekt-Trigramm mit dem Objekt-Trigramm interagiert; dies ist „Zeit" und nicht „Timing".

VIII. Die Fünf Elemente im I Ging

Zusammen mit Yin und Yang stellen die Fünf Elemente (Wu Xing) eine markante Schöpfung der chinesischen Zivilisation dar (im Sinne der Zivilisation, die auf dem heutigen Gebiet Chinas entstand). Es handelt sich um ein konzeptuelles System, das besagt, dass jedes Objekt oder Phänomen eines der fünf Elemente – Wasser, Holz, Feuer, Erde und Metall – verkörpert. Diese fünf Elemente stehen in generativen Beziehungen (Wasser erzeugt Holz, Holz erzeugt Feuer, Feuer erzeugt Erde, Erde erzeugt Metall, Metall erzeugt Wasser), destruktiven Beziehungen (Wasser zerstört Feuer, Feuer zerstört Holz, Holz zerstört Erde, Erde zerstört Wasser) sowie in gegengenerativen und gegendestruktiven Beziehungen (die entstehen, wenn die generativen und destruktiven Beziehungen gestört sind). Es ist wichtig zu betonen, dass diese fünf Elemente keine bestimmten Materialien sind, wie oft fälschlicherweise angenommen wird, sondern symbolische Bezeichnungen für fünf Arten von „Qi"[27], das jedes Objekt oder Phänomen in sich trägt und das bei der Interaktion und Transformation generative, destruktive, gegengenerative und gegendestruktive Beziehungen aufweist.

Seit Tausenden von Jahren haben viele Gelehrte die enge Verbindung zwischen Yin und Yang und den Fünf Elementen erkannt. Es gibt jedoch bis heute keinen Konsens über das Wesen der Fünf Elemente, ihren Ursprung und andere damit zusammenhängende Aspekte. Diese Uneinigkeit hat die Integration und Anwendung der Fünf Elemente im I Ging erheblich beeinflusst.[28]

Unsere Forschung zeigt, dass die Fünf Elemente ihren Ursprung in den Acht Trigrammen[29] haben, nicht in Yin und Yang, wie viele Gelehrte glauben. Außerdem beeinflussen die Fünf Elemente den gesamten Prozess der Interaktion und Transformation im Rahmen der unveränderlichen Gesetze des I Ging. Das I Ging zu interpretieren und dabei die Fünf Elemente der Trigramme und Linien zu übersehen, bedeutet nicht nur eine erhebliche Auslassung, sondern birgt auch das Risiko, in voreingenommene zahlen-symbologische Interpretationen zu verfallen, die oft mehrdeutig sind und, wie bereits erwähnt, zu Verzerrungen neigen.

Daher werden wir die Elemente der Trigramme und Linien einzeln untersuchen.

1. Das Element der Acht Trigramme:

Das Element jedes Trigramms in den Acht Trigrammen wurde von Gelehrten des I Ging wie folgt festgelegt:

Qian	Dui	Li	Zhen	Sun	Kan	Gen	Kun
Metall	Metall	Feuer	Holz	Holz	Wasser	Erde	Erde

2. Das Element der Linien:

Das Element jeder Linie in einem Trigramm wird indirekt durch den der Linie zugeordneten Erdenzweig bestimmt. Im Folgenden ist die gängig verwendete Methode zur Zuordnung der Erdenzweige zu den Linien dargestellt. Beachten Sie, dass es nicht notwendig ist, die Himmelsstämme in diesem Fall zuzuordnen, da der Erdenzweig ausreichend ist, um das Element der Linie zu bestimmen.

• Zunächst werden die acht Trigramme in zwei Gruppen unterteilt: Yang-Trigramme und Yin-Trigramme, darunter:

+ **Yang-Trigramme:** Qian, Kan, Gen, Zhen

+ **Yin-Trigramme:** Sun, Li, Kun, Dui

Die Reihenfolge der Trigramme in diesen beiden Gruppen folgt dem späteren Himmel-Bagua, das viele als Bezug auf menschliche Angelegenheiten verstehen. Tatsächlich haben wir auch mit dem frühen Himmel-Bagua zur Zuordnung der Erdenzweige experimentiert, aber einige Ergebnisse stimmten nicht mit den grundlegenden Prinzipien der Fünf Elemente überein. Dies verstärkt das Verständnis, dass die Reorganisation der Alten in das spätere Himmel-Bagua gut begründet und logisch war.

• Zweitens werden die 12 Erdenzweige in zwei Gruppen unterteilt: Yang-Zweige und Yin-Zweige [30], die Folgendes umfassen:

+ **Yang-Zweige:** Ratte, Tiger, Drache, Pferd, Affe, Hund.

+ **Yin-Zweige:** Ochse, Kaninchen, Schlange, Ziege, Hahn, Schwein.

• Durch Anwendung des Prinzips der Acht Trigramme in Bezug auf die richtungsabhängige Zuordnung von Yang und Yin (wobei Yang-Trigramme Yang-Zweige im Uhrzeigersinn und Yin-Trigramme Yin-Zweige gegen den Uhrzeigersinn zuordnen) sowie mit der Formel zur Bestimmung des Elements der 12 Zweige (Ratte: Wasser, Ochse: Erde, Tiger: Holz, Kaninchen: Holz, Drache: Erde, Schlange: Feuer, Pferd: Feuer, Ziege: Erde, Affe: Metall, Hahn: Metall, Hund: Erde, Schwein: Wasser), erhalten wir die folgenden Tabellen zur Zuordnung der Erdenzweige zu den Linien:

+ **Tabelle für Yang-Trigramme zur Zuordnung von Yang-Zweigen:**

Yang-Trigramme	ERDE-LINIE	MENSCHEN-LINIE	HIMMEL-LINIE
QIAN	Ratte [Wasser]	Tiger [Holz]	Drache [Erde]
KAN	Tiger [Holz]	Drache [Erde]	Pferd [Feuer]
GEN	Drache [Erde]	Pferd [Feuer]	Affe [Metall]
ZHEN	Pferd [Feuer]	Affe [Metall]	Hund [Erde]

+ Tabelle für Yin-Trigramme zur Zuordnung von Yin-Zweigen:

Yin-Trigramme	ERDE-LINIE	MENSCHEN-LINIE	HIMMEL-LINIE
SUN	Ochse [Erde]	Schwein [Wasser]	Hahn [Metall]
LI	Schwein [Wasser]	Hahn [Metall]	Ziege [Erde]
KUN	Hahn [Metall]	Ziege [Erde]	Schlange [Feuer]
DUI	Ziege [Erde]	Schlange [Feuer]	Kaninchen [Holz]

Es gibt einen wichtigen Punkt zu beachten bezüglich der Zuordnung von Yin-Ästen für Yin-Trigramme. Viele Bücher und Websites geben derzeit Anweisungen zur solchen Zuordnung, die zwischen im Uhrzeigersinn und gegen den Uhrzeigersinn wechseln (zum Beispiel für Zhen: Ochse – Schwein – Hahn; für Li: Hase – Ochse – Schwein; für Kun: Schlange – Hase – Ochse; für Dui: Ziege – Schlange – Hase).

Wir bezeichnen es als *„halb im Uhrzeigersinn und halb gegen den Uhrzeigersinn"*, weil die drei Äste, die einem Yin-Trigramm entsprechen, gegen den Uhrzeigersinn zugeordnet werden (zum Beispiel sind die drei Erdäste: Ochse, Schwein und Hahn, die dem Yin-Trigramm Zhen zugeordnet sind, tatsächlich gegen den Uhrzeigersinn). Wenn das Yin-Trigramm jedoch verschoben wird, verschiebt sich die Richtung der Erdäste im Uhrzeigersinn (zum Beispiel, wenn Zhen zu Li wechselt, wechselt der Ochse zum Hasen, was im Uhrzeigersinn ist; wenn es gegen den Uhrzeigersinn wäre, müsste der Ochse zum Schwein wechseln, um konsistent zu sein).

Wir haben die Methode „halb im Uhrzeigersinn und halb gegen den Uhrzeigersinn" für die Zuordnung der Erdäste ausprobiert und festgestellt, dass sie aufgrund zahlreicher widersprüchlicher Wechselwirkungen unter den fünf Elementen ungeeignet ist. Daher wird dieses Buch die Methode der halb im Uhrzeigersinn und halb gegen den Uhrzeigersinn Zuordnung nicht verwenden. Stattdessen haben wir uns entschieden, die vollständig gegen den Uhrzeigersinn Zuordnungsmethode wie in der obigen Tabelle gezeigt, zu verwenden.

• Daraus können wir die Erdzweige der Linien innerhalb der Acht Trigramme wie folgt ableiten:

+ **Qian:** Der Erdast der Erdlinie ist der Rat mit dem Element Wasser, die Menschenlinie ist der Tiger mit dem Element Holz, und die Himmelslinie ist der Drache mit dem Element Erde.

+ **Kan:** Der Erdast der Erdlinie ist der Tiger mit dem Element Holz, die Menschenlinie ist der Drache mit dem Element Erde, und die Himmelslinie ist das Pferd mit dem Element Feuer.

+ **Gen:** Der Erdast der Erdlinie ist der Drache mit dem Element Erde, die Menschenlinie ist das Pferd mit dem Element Feuer, und die Himmelslinie ist der Affe mit dem Element Metall.

+ **Zhen:** Der Erdast der Erdlinie ist das Pferd mit dem Element Feuer, die Menschenlinie ist der Affe mit dem Element Metall, und die Himmelslinie ist der Hund mit dem Element Erde.

+ **Sun:** Der Erdast der Erdlinie ist der Ochse mit dem Element Erde, die Menschenlinie ist das Schwein mit dem Element Wasser, und die Himmelslinie ist der Hahn mit dem Element Metall.

+ **Li:** Der Erdast der Erdlinie ist das Schwein mit dem Element Wasser, die Menschenlinie ist der Hahn mit dem Element Metall, und die Himmelslinie ist die Ziege mit dem Element Erde.

+ **Kun:** Der Erdast der Erdlinie ist der Hahn mit dem Element

Metall, die Menschenlinie ist die Ziege mit dem Element Erde, und die Himmelslinie ist die Schlange mit dem Element Feuer.

+ Dui: Der Erdast der Erdlinie ist die Ziege mit dem Element Erde, die Menschenlinie ist die Schlange mit dem Element Feuer, und die Himmelslinie ist der Hase mit dem Element Holz.

Da die fünf Elemente aus den Acht Trigrammen stammen und eine besonders wichtige Rolle im I Ging im Allgemeinen und in der Interpretation von Wahrsagungen gemäß dem neuen Verständnis im Besonderen spielen, können die fünf Elemente als untrennbarer Teil des I Ging betrachtet werden. Im I Ging sind sowohl Yin, Yang als auch die fünf Elemente von Natur aus enthalten. Für Details zu den grundlegenden fünf Elementen und neuen Erkenntnissen siehe Kapitel 5.

IX. Wahrsagung, Linienbezeichnung, Zehn Flügel und Kombinationen der Vorhersage

In den frühen Phasen hatte das I Ging nur Hexagrammsymbole, was die Interpretation der Hexagramme schwierig und inkonsistent machte. Daher stellte König Wen der Zhou-Dynastie die „Wahrsagung" zusammen, um die Bedeutungen aller 64 Hexagramme zu erklären und eine einfachere und einheitlichere Wahrsagung zu ermöglichen.

In unserer Auffassung ist die „Wahrsagung" einer der zuverlässigsten Teile des I Ging 2.0 und 3.0, da es unwahrscheinlich ist, dass König Wen alles selbst hätte erdenken können; sie muss aus autoritativen Datenquellen stammen[31]. Im Laufe von Tausenden von Jahren (mindestens 1.700 Jahre von der Zeit König Fu Xis, der das I Ging einführte, bis zu dem Zeitpunkt, als König Wen die „Wahrsagung" schrieb) beschäftigten sich die vorherigen chinesischen Feudaldynastien kontinuierlich mit Wahrsagung, machten Vermutungen, verglichen diese mit tatsächlichen Ereignissen und dokumentierten (oder merkten sich) ihre Erkenntnisse. Dies führte zur Ansammlung einer riesigen Menge an Daten (sowohl schriftlich als auch mündlich), die kontinuierlich und hochgradig praktisch war, obwohl sie immer noch Fehler enthielt, wie in jedem wissenschaftlichen Bereich, der auf statistischen Daten basiert. Dies bildete die Grundlage, auf der König Wen die „Wahrsagung" zusammenfassen und schreiben konnte.

Darauf aufbauend verfasste Zhou Gong die „Linienbezeichnung", die die 384 Linien der 64 Hexagramme erklärt und analysiert. Die „Linienbezeichnung" wurde hauptsächlich auf der Grundlage der Symbole der Hexagramme sowie der Natur, Positionen und Reaktionsfähigkeit der Linien verfasst, was zu Interpretationen führte, die oft metaphorisch, mehrdeutig, mehrschichtig und schwer verständlich sind. Dennoch ist die „Linienbezeichnung" für diejenigen nützlich, die sich darauf beziehen möchten, wie alte Gelehrte die Linien der Hexagramme interpretierten. Zum Zweck der Bequemlichkeit für die Leser werden wir bei der Erklärung der „Linienbezeichnung" weiterhin die Namen der Hexagramme und der Linien gemäß I Ging 3.0 verwenden, die die Linien 1 bis 6 mit dem ursprünglichen Inhalt der Linienaussagen enthalten, die Zhou Gong für jede Linie zugeschrieben werden. Außerdem basiert die „Linienbezeichnung" in diesem Buch auf der Vorstellung, dass „ein Hexagramm eine Einheit ist, die aus sechs Linien besteht"[32], weshalb wir nur die „Linienbezeichnung" für die Referenz der Leser erklären, ohne in die Beziehung zwischen den Symbolen des Hexagramms und der Natur, Positionen und Reaktionsfähigkeit der Linien mit den Interpretationen einzutauchen. Leser, die sich für dieses Thema interessieren, können auf andere Bücher zu I Ging 3.0 verweisen.

Daher werden in diesem Buch die „Wahrsagung" der 64 Kombinationen (oder Hexagramme, wie zuvor erwähnt) und die „Linienbezeichnung" der 384 Linien ausführlich interpretiert. Bitte beachten Sie, dass die „Wahrsagung" und die „Linienbezeichnung" sehr prägnant, mehrschichtig und metaphorisch sind; daher können unsere Interpretationen geringfügig von denen anderer Gelehrter abweichen. Leser sollten die Interpretationen vergleichen, gegenüberstellen und die wählen, die mit ihnen resonieren, da dieser Ansatz gültig ist.

Insbesondere haben wir einen völlig neuen Abschnitt mit dem Titel „Kombinationen der Vorhersage" zusammengestellt, um die 64 Kombinationen auf der Grundlage neuer Einsichten in das I Ging zu interpretieren. Die „Kombinationen der Vorhersage" können Perspektiven präsentieren, die sich von der „Wahrsagung" und der „Linienbezeichnung" unterscheiden, da sie ein neues Verständnis des I Ging im Allgemeinen und des prognostischen I Ging im Besonderen widerspiegeln. Die Kombinationen der Vorhersage für jede Kombination bestehen aus zwei Teilen: Allgemeine Interpretation und Komponentenanalyse. Die allgemeine Interpretation sagt für jede Kombination voraus und bietet Ratschläge, ob sie reibungslos oder schwierig verlaufen wird, ob Gewinn oder Verlust zu erwarten sind, ob Vorsicht geboten ist usw. Die Komponentenanalyse hingegen analysiert die Auswirkungen und Einflüsse der drei grundlegenden Faktoren (d. h. drei Dualitätsgegensätze), die an der Interaktion beteiligt sind und die Richtung der Transformation in Phänomenen bestimmen. Dazu gehören das Schicksal des Initiators der Transaktion (repräsentiert durch die Menschenlinie) sowie die beiden materiellen und spirituellen Kräfte (repräsentiert durch die Erdlinie und die Himmelslinie).

Somit präsentiert dieses Buch drei verschiedene Methoden zur Interpretation des I Ging, darunter:

• **Wahrsagung:** Geschrieben von König Wen in I Ging 2.0, interpretiert die 64 Hexagramme, hauptsächlich basierend auf Daten, die aus praktischen Wahrsageerfahrungen über Tausende von Jahren vor seiner Zeit gewonnen wurden.

• **Linienbezeichnung:** Geschrieben von Zhou Gong in I Ging 3.0, interpretiert die 384 Linien (64 Hexagramme x 6 Linien), hauptsächlich basierend auf den Symbolen der Hexagramme sowie der Natur, Positionen und Reaktionsfähigkeit der Linien.

• **Kombinationen der Vorhersage:** Geschrieben von Lưu Nguyễn Đào Nguyên in I Ging 4.0, analysiert die 64 Kombinationen auf der Grundlage neuer Erkenntnisse über das I Ging, insbesondere in Bezug auf die Interaktionen der fünf Elemente.

Was die Zehn Flügel betrifft, so wurden sie von Gelehrten nach Zhou Gong zum I Ging hinzugefügt, wobei einige Berichte auch Konfuzius selbst als Mitwirkenden anführen. Der Inhalt der Zehn Flügel diskutiert hauptsächlich Ethik, moralisches Verhalten oder Wege der Interaktion mit der Gesellschaft usw. und hat wenig Verbindung zur Wahrsagung und zur Vorhersage von Zeitpunkten, was den ursprünglichen Kern des I Ging darstellt. Folglich haben viele Gelehrte vorgeschlagen, dass das I Ging lediglich als „Hülle" dient, in der sich diese späteren Gelehrten verstecken, während sie ihre Ideen verbreiten. Daher behandelt dieses Buch die Zehn Flügel nicht; [33]Leser, die sich für dieses Thema interessieren, können auf andere Bücher zu I Ging 3.0 verweisen.

KAPITEL 3

NEUE PERSPEKTIVE AUF TRIGRAMME, KOMBINATIONEN UND LINIEN

Dieses Kapitel bietet detaillierte Interpretationen der 64 Kombinationen und 384 Linien, einschließlich der Wahrsagungen, die von König Wen verfasst wurden, der Linienbezeichnung, die Zhou Gong vor etwa 3.000 Jahren schrieb, und der Kombinationseinblicke von Lưu Nguyễn Đào Nguyên, die auf neuen Erkenntnissen über das I Ging basieren. Der Inhalt der Kombinationseinblicke kann von den Wahrsagungen und Linienbezeichnungen abweichen, aber die Leser sollten sich nicht besorgen, da auch dies Dinge sind, die in der praktischen Anwendung untersucht, verglichen und getestet werden sollten.

Die Welt hat jetzt acht Milliarden Menschen, und jeden Tag gibt es wahrscheinlich Dutzende oder sogar Hunderte von Milliarden von Ereignissen, die Rat vom I Ging suchen könnten. Jeder Einzelne, jede Familie und jede Situation ist einzigartig, was es unmöglich macht, sie alle zu beschreiben. Daher fassen die Wahrsagungen, Linienbezeichnungen oder Kombinationseinblicke nur die allgemeinen Prinzipien zusammen und bieten Handlungsanleitungen. Um die spezifischen Details zu verstehen, ist es notwendig, jedes Ereignis oder Phänomen tiefgehend zu analysieren, um es gründlich zu klären.

gründlich zu klären.

1/ HIMMEL ÜBER HIMMEL

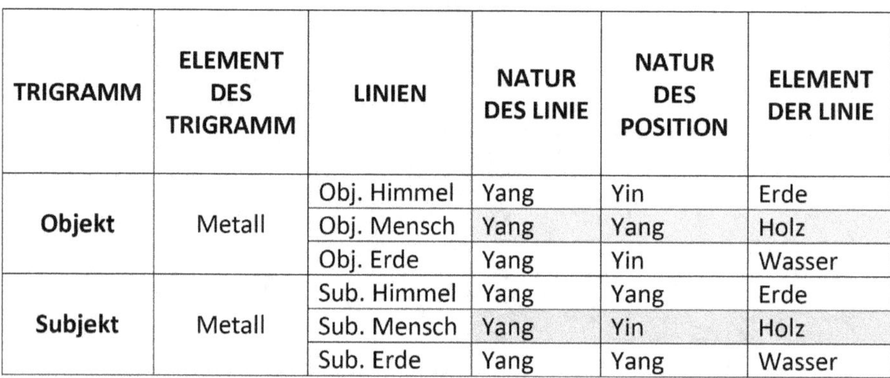

TRIGRAMM	ELEMENT DES TRIGRAMM	LINIEN	NATUR DES LINIE	NATUR DES POSITION	ELEMENT DER LINIE
Objekt	Metall	Obj. Himmel	Yang	Yin	Erde
		Obj. Mensch	Yang	Yang	Holz
		Obj. Erde	Yang	Yin	Wasser
Subjekt	Metall	Sub. Himmel	Yang	Yang	Erde
		Sub. Mensch	Yang	Yin	Holz
		Sub. Erde	Yang	Yang	Wasser

WAHRSAGUNGEN VON KÖNIG WEN

IM I GING 2.0

URSPRÜNGLICHE WAHRSAGUNG	INTERPRETATION DER WAHRSAGUNG
乾:元,亨, 利, 貞。	*Qián* bezieht sich auf den Zeitpunkt, der primär, glatt und vorteilhaft ist aus Integrität, was impliziert, dass Handlungen in Übereinstimmung mit dem Weg des Himmels und der Wahrung der Rechtschaffenheit zu Erfolg und Nutzen führen werden.

LINIENBEZEICHNUNG VON ZHOU GONG

IM I GING 3.0

LINIEN DES HEXAGRAMMS	URSPRÜNGLICHE BEZEICHNUNG	INTERPRETATION DER BEZEICHNUNG
Linie 1	潛龍勿用。	Verborgener Drache, handle nicht.
Linie 2	現龍在田, 利見大人。	Der Drache erscheint im Feld, es ist vorteilhaft, eine große Person zu treffen.
Linie 3	君子終日乾乾,夕惕若,厲,無咎。	Die edle Person bleibt den ganzen Tag fleißig und in der Nacht vorsichtig. Selbst wenn sie Gefahr begegnet, bleibt sie ohne Fehler.
Linie 4	或躍在淵,無咎。	Man kann ohne Fehler aus dem Abgrund springen.
Linie 5	飛龍在天,利見大人。	Der fliegende Drache ist im Himmel; es ist vorteilhaft, mit großen Individuen in Kontakt zu treten.
Linie 6	亢龍有悔。	Der Drache, der zu hoch fliegt, bringt Bedauern.

KOMBINATIONSEINBLICKE

IM I GING 4.0

Qian (Subjekt) trifft Qian (Objekt): Möglicherweise glatt, selbstständig, das Festhalten an der Rechtschaffenheit bringt zusätzlichen Gewinn.

• Subjekt Mensch (Yang, fehlpositioniert, Holz) harmonisiert mit Objekt Mensch (Yang, richtig positioniert, Holz), was zu einem intakten Schicksal[34] führt.

• Subjekt Erde (Yang, richtig positioniert, Wasser) harmonisiert mit Objekt Erde (Yang, fehlpositioniert, Wasser), was zu einem intakten Material führt.

• Subjekt Himmel (Yang, richtig positioniert, Erde) harmonisiert mit Objekt Himmel (Yang, fehlpositioniert, Erde), was zu einem intakten Geist führt.

2/ ERDE ÜBER ERDE

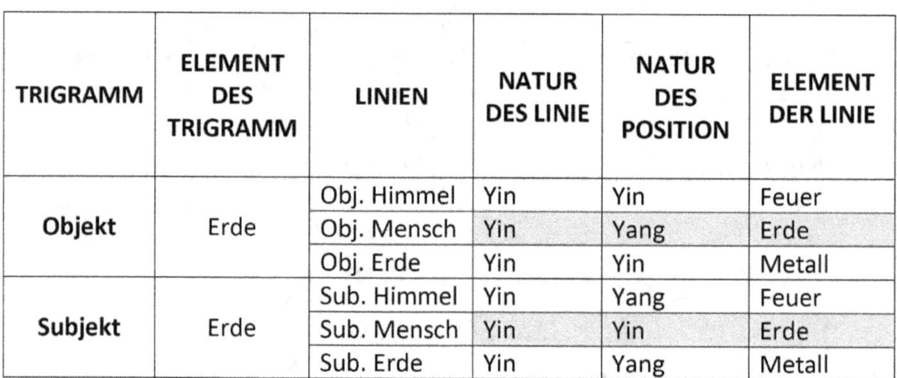

TRIGRAMM	ELEMENT DES TRIGRAMM	LINIEN	NATUR DES LINIE	NATUR DES POSITION	ELEMENT DER LINIE
Objekt	Erde	Obj. Himmel	Yin	Yin	Feuer
		Obj. Mensch	Yin	Yang	Erde
		Obj. Erde	Yin	Yin	Metall
Subjekt	Erde	Sub. Himmel	Yin	Yang	Feuer
		Sub. Mensch	Yin	Yin	Erde
		Sub. Erde	Yin	Yang	Metall

WAHRSAGUNGEN VON KÖNIG WEN
IM I GING 2.0

URSPRÜNGLICHE WAHRSAGUNG	INTERPRETATION DER WAHRSAGUNG
坤:元亨,利牝馬之貞。君子有攸往。先迷,後得,主利。西南得朋,東北喪朋。安貞,吉。	*Kun* bedeutet das Timing, das „ursprünglich und geschmeidig" ist. Wenn man eine flexible und anpassungsfähige Denkweise beibehält, wie eine Stute, wird es Vorteile geben; andernfalls könnte man Verluste erleiden. Wenn es ein Ziel gibt, kann die Reise anfangs schwierig und verwirrend sein, aber letztendlich wird man seine Wünsche erfüllen. In diesem zeitgerechten Moment liegt der Schwerpunkt hauptsächlich auf den Vorteilen. Man wird Freunde im Südwesten gewinnen und Freunde im Nordosten verlieren. Durch das Festhalten an der Rechtschaffenheit wird Frieden erlangt, was zu Glück führt.

LINIENBEZEICHNUNG VON ZHOU GONG

IM I GING 3.0

LINIEN DES HEXAGRAMMS	URSPRÜNGLICHE BEZEICHNUNG	INTERPRETATION DER BEZEICHNUNG
Linie 1	履霜,堅冰至。	Frost betreten, fester Eis kommt an.
Linie 2	直,方,大,不習,無不利。	Gerade, quadratisch, edel, selbstbewusst; es gibt keinen Nachteil.
Linie 3	含章可真,或從王事,無成有終。	Bewahre einen tugendhaften Charakter und Rechtschaffenheit; egal, ob du königliche Pflichten erfüllst oder nicht, es wird ein gutes Ergebnis geben, auch wenn der Erfolg nicht erreicht wird.
Linie 4	括囊,無咎,無譽。	Schließe den Mund des Beutels; es wird keine Fehler geben, selbst wenn es kein Lob gibt.
Linie 5	黃裳,元吉。	Gelbe Gewänder, günstig.
Linie 6	龍戰于野, 其血玄黃。	Der Drache kämpft in der Wildnis, sein Blut ist dunkelgelb.

KOMBINATIONSEINBLICKE

IM I GING 4.0

Kun (Subjekt) trifft auf Kun (Objekt): Möglicherweise glatt, selbstständig; flexibel und anpassungsfähig zu sein, wird zusätzlichen Gewinn bringen.

• Subjekt Mensch (Yin, richtig positioniert, Erde) harmoniert mit Objekt Mensch (Yin, fehlpositioniert, Erde), was zu einem intakten Schicksal führt.

• Subjekt Erde (Yin, fehlpositioniert, Metall) harmoniert mit Objekt Erde (Yin, richtig positioniert, Metall), was zu intaktem Material führt.

• Subjekt Himmel (Yin, fehlpositioniert, Feuer) harmoniert mit Objekt Himmel (Yin, richtig positioniert, Feuer), was zu intaktem Geist führt..

3/ WASSER ÜBER DONNER

TRIGRAMM	ELEMENT DES TRIGRAMM	LINIEN	NATUR DES LINIE	NATUR DES POSITION	ELEMENT DER LINIE
Objekt	Wasser	Obj. Himmel	Yin	Yin	Feuer
		Obj. Mensch	Yang	Yang	Erde
		Obj. Erde	Yin	Yin	Holz
Subjekt	Holz	Sub. Himmel	Yin	Yang	Erde
		Sub. Mensch	Yin	Yin	Metall
		Sub. Erde	Yang	Yang	Feuer

WAHRSAGUNGEN VON KÖNIG WEN
IM I GING 2.0

URSPRÜNGLICHE WAHRSAGUNG	INTERPRETATION DER WAHRSAGUNG
屯:元亨利貞,勿用有攸往,利見侯。	*Zhun* steht für den Zeitpunkt eines Anfangs (oft zu Beginn schwierig); das Beibehalten von Rechtschaffenheit führt zu Glattheit und Vorteilen. Bei diesem Zeitpunkt sollte man nicht hastig handeln oder größere Unternehmungen eingehen. Es ist ratsam, sich auf den Aufbau eines soliden Fundaments zu konzentrieren, Hilfe zur Schaffung von Stabilität zu suchen und sich auf die nächsten Schritte vorzubereiten.

LINIENBEZEICHNUNG VON ZHOU GONG
IM I GING 3.0

LINIEN DES HEXAGRAMMS	URSPRÜNGLICHE BEZEICHNUNG	INTERPRETATION DER BEZEICHNUNG
Linie 1	盤桓,利居貞,利見侯。	Zögern; es ist vorteilhaft, still zu bleiben und Rechtschaffenheit aufrechtzuerhalten, vorteilhaft, Hilfe zu suchen.
Linie 2	屯如,邅如,乘馬班如,匪寇婚媾,女子貞不字,十年乃字。	Schwierigkeiten, Mühen, mit dem Pferd hin und her reiten, kein Feind, sondern eine Heiratsallianz; eine tugendhafte Frau bleibt ledig, erst nach zehn Jahren heiratet sie und bekommt Kinder.
Linie 3	即鹿無虞,惟入于林中,君子幾 不如舍,往吝。	Ein Reh ohne Aufseher sehen, in den Wald eintreten. Eine edle Person ist vorsichtig, es ist besser loszulassen; das Vorankommen wird zu Problemen führen.
Linie 4	乘馬班如,求婚媾,往吉,無不利。	Mit dem Pferd hin und her reiten, um eine Heiratsanbahnung suchen; das Vorankommen bringt Glück, und es gibt keinen Nachteil.
Linie 5	屯其膏,小貞吉,大貞凶。	Mühsal bis ins Mark; Rechtschaffenheit bewahren, kleine Angelegenheiten sind günstig, aber große Angelegenheiten sind ungünstig.
Linie 6	乘馬班如,泣血連如。	Mit dem Pferd hin und her reiten, Blut weinend.

KOMBINATIONSEINBLICKE
IM I GING 4.0

Zhen (Subjekt) trifft Kan (Objekt): Glatter Fortschritt, Gewinn und Verlust koexistieren.

• Subjekt Mensch (Yin, richtig positioniert, Metall) wird vom Objekt Mensch (Yang, richtig positioniert, Erde) erzeugt, was zu einem Gewinn im Schicksal führt.

• Subjekt Erde (Yang, richtig positioniert, Feuer) zerstört das Objekt Erde (Yin, richtig positioniert, Holz), was dazu führt, dass das Materielle nicht unterstützt wird und möglicherweise Leid entsteht.
• Subjekt Himmel (Yin, fehlpositioniert, Erde) wird durch die Linie des Objekt Himmels (Yin, richtig positioniert, Feuer) erzeugt, was dazu führt, dass der Geist unterstützt wird.

4/ BERG ÜBER WASSER

TRIGRAMM	ELEMENT DES TRIGRAMM	LINIEN	NATUR DES LINIE	NATUR DES POSITION	ELEMENT DER LINIE
Objekt	Erde	Obj. Himmel	Yang	Yin	Metall
		Obj. Mensch	Yin	Yang	Feuer
		Obj. Erde	Yin	Yin	Erde
Subjekt	Wasser	Sub. Himmel	Yin	Yang	Feuer
		Sub. Mensch	Yang	Yin	Erde
		Sub. Erde	Yin	Yang	Holz

WAHRSAGUNGEN VON KÖNIG WEN
IM I GING 2.0

URSPRÜNGLICHE WAHRSAGUNG	INTERPRETATION DER WAHRSAGUNG
蒙:亨,匪我求童蒙,童蒙求我。初筮告,再三瀆,瀆則不告。利貞。	*Méng* bedeutet einen Zeitpunkt, der zwar glatt, aber noch unklar ist; diese Situation erscheint von selbst und wird nicht aktiv gesucht. Aufgrund der Unklarheit muss man fragen; die erste Frage wird beantwortet, aber nachfolgende Anfragen werden ermüdend, und wenn sich Ermüdung einstellt, wird keine Antwort gegeben. Daher sollte man Integrität wahren, um Vorteile zu erhalten.

LINIENBEZEICHNUNG VON ZHOU GONG

IM I GING 3.0

LINIEN DES HEXAGRAMMS	URSPRÜNGLICHE BEZEICHNUNG	INTERPRETATION DER BEZEICHNUNG
Linie 1	發蒙,利用刑人,用說桎梏,以往 吝。	Den Beginn der Erleuchtung aus Unwissenheit einzuleiten, ist nützlich, um diejenigen zu disziplinieren, die Fehler gemacht haben. Erkläre, um ihre Fesseln zu lösen, aber ein vorschnelles Vorgehen könnte Reue bringen.
Linie 2	包蒙,吉。納婦,吉,子克家。	Unwissenheit mit Toleranz zu umarmen, bringt Glück. Eine Frau ins Haus zu holen, ist günstig, und der Sohn wird erfolgreich die Familie führen.
Linie 3	勿用取女,見金夫,不有躬,無攸利。	Nimm keine Frau; trifft sie auf einen wohlhabenden Mann, denkt sie nicht an sich selbst, und es bringt keinen Vorteil, einen Nutzen zu suchen.
Linie 4	困蒙,吝。	Verwirrt und gefangen, bedauerlich.
Linie 5	童蒙,吉。	Kindliche Unwissenheit, glückverheißend.
Linie 6	擊蒙,不利為寇,利御寇。	Unwissenheit führt zu Konflikten; es ist nicht vorteilhaft, ein Dieb zu sein, aber es ist nützlich, sich gegen Diebe zu wehren.

KOMBINATIONSEINBLICKE

IM I GING 4.0

Kan (Subjekt) wird von Gen (Objekt) zerstört: Sehr schwierig, selbstständig, leidvoll.

• Subjekt Mensch (Yang, fehlpositioniert, Erde) wird von Objekt Mensch (Yin, fehlpositioniert, Feuer) erzeugt, was zu einem Gewinn im Schicksal führt.

• Subjekt Erde (Yin, fehlpositioniert, Holz) zerstört Objekt Erde (Yin, fehlpositioniert, Erde), was dazu führt, dass das Materielle nicht unterstützt wird und möglicherweise Leiden bringt.

• Subjekt Himmel (Yin, fehlpositioniert, Feuer) zerstört Objekt Himmel (Yang, fehlpositioniert, Metall), was dazu führt, dass der Geist nicht unterstützt wird und möglicherweise Leid erfährt.

5/ WASSER ÜBER HIMMEL

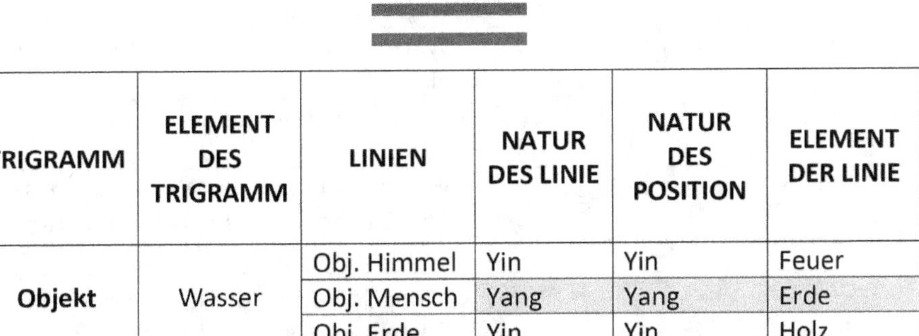

TRIGRAMM	ELEMENT DES TRIGRAMM	LINIEN	NATUR DES LINIE	NATUR DES POSITION	ELEMENT DER LINIE
Objekt	Wasser	Obj. Himmel	Yin	Yin	Feuer
		Obj. Mensch	Yang	Yang	Erde
		Obj. Erde	Yin	Yin	Holz
Subjekt	Metall	Sub. Himmel	Yang	Yang	Erde
		Sub. Mensch	Yang	Yin	Holz
		Sub. Erde	Yang	Yang	Wasser

WAHRSAGUNGEN VON KÖNIG WEN

IM I GING 2.0

URSPRÜNGLICHE WAHRSAGUNG	INTERPRETATION DER WAHRSAGUNG
需:有孚,光,亨,貞,吉,利涉大川。	*Xū* bedeutet eine Zeit des Wartens auf den richtigen Moment, Vertrauen zu haben und die Rechtschaffenheit zu wahren. Wenn die Dinge klar werden, wird richtiges Handeln zu reibungslosen Fortschritten und Glück führen. Große Herausforderungen zu überwinden, ähnlich wie das Überqueren eines großen Flusses, mag schwierig sein, aber es wird vorteilhaft sein, wenn es auf die richtige Weise und zur richtigen Zeit geschieht.

LINIENBEZEICHNUNG VON ZHOU GONG

IM I GING 3.0

LINIEN DES HEXAGRAMMS	URSPRÜNGLICHE BEZEICHNUNG	INTERPRETATION DER BEZEICHNUNG
Linie 1	需于郊,利用恆,無咎。	Am Rande warten, es ist vorteilhaft, beharrlich zu sein; es wird kein Vorwurf folgen.
Linie 2	需于沙,小有言,終吉。	Warten auf der Sandbank, es gibt kleinere Bemerkungen, doch am Ende wird es günstig sein.
Linie 3	需于泥,致寇至。	Warten im Schlamm, Banditen werden eintreffen.
Linie 4	需于血,出自穴。	Warten im Blut, aus der Höhle auftauchen.
Linie 5	需于酒食,貞吉。	Warten inmitten von Wein und Speisen, Rechtschaffenheit zu bewahren bringt gutes Omen.
Linie 6	入于穴，有不速之客三人來，敬之終吉。	In die Höhle eintreten, drei unerwartete Gäste kommen; ihnen Respekt zu erweisen wird letztlich Glück bringen.

KOMBINATIONSEINBLICKE

IM I GING 4.0

Qian (Subjekt) trifft Kan (Objekt): Der Fortschritt ist ziemlich glatt, jedoch koexistieren Gewinn und Verlust; Vorsicht ist geboten, wenn Maßnahmen ergriffen werden.

• Subjekt Mensch (Yang, fehlpositioniert, Holz) zerstört Objekt Mensch (Yang, richtig positioniert, Erde), was dazu führt, dass das Schicksal ohne Unterstützung und leidvoll ist, jedoch könnte es Schaden nehmen, wenn eine Gegenmaßnahme erfolgt.

• Subjekt Erde (Yang, richtig positioniert, Wasser) erzeugt Objekt Erde (Yin, richtig positioniert, Holz), was zu „zukünftigem Gewinn, gegenwärtigem Leiden" führt.

• Subjekt Himmel (Yang, richtig positioniert, Erde) wird durch Objekt Himmel (Yin, richtig positioniert, Feuer) erzeugt, was dazu führt, dass der Geist unterstützt wird.

6/ HIMMEL ÜBER WASSER

TRIGRAMM	ELEMENT DES TRIGRAMM	LINIEN	NATUR DES LINIE	NATUR DES POSITION	ELEMENT DER LINIE
Objekt	Metall	Obj. Himmel	Yang	Yin	Erde
		Obj. Mensch	Yang	Yang	Holz
		Obj. Erde	Yang	Yin	Wasser
Subjekt	Wasser	Sub. Himmel	Yin	Yang	Feuer
		Sub. Mensch	Yang	Yin	Erde
		Sub. Erde	Yin	Yang	Holz

WAHRSAGUNGEN VON KÖNIG WEN

IM I GING 2.0

URSPRÜNGLICHE WAHRSAGUNG	INTERPRETATION DER WAHRSAGUNG
訟:有孚，窒惕，中吉，終凶。利見大人，不利涉大川。	*Song* bezieht sich auf einen Zeitpunkt der Uneinigkeit (z. B. Konflikte oder Streitigkeiten). In solchen Situationen sind Vorsicht und Wachsamkeit erforderlich, um Verluste durch blindes Vertrauen zu vermeiden. Die mittlere Phase mag Glück bringen, doch das Endergebnis wendet sich schließlich ins Negative. Daher ist es ratsam, Unterstützung von Personen mit Macht oder Weisheit zu suchen, um Angelegenheiten schnell zu klären, da eine Verlängerung der Situation zu einem ungünstigen Ausgang führen wird. Es ist am besten, bedeutende Aufgaben oder riskante Herausforderungen zu vermeiden, da sie in dieser Zeit wahrscheinlich keinen Nutzen bringen.

LINIENBEZEICHNUNG VON ZHOU GONG

IM I GING 3.0

LINIEN DES HEXAGRAMMS	URSPRÜNGLICHE BEZEICHNUNG	INTERPRETATION DER BEZEICHNUNG
Linie 1	不永所事，小有言，終吉。	Halte nicht zu lange an dem fest, was du tust; es mag geringfügige Kritik geben, doch am Ende wird es günstig sein.
Linie 2	不克訟，歸而逋。其邑人三百戶，無眚。	Unfähig, Streit zu klären, kehre zurück und weiche aus. Die Dorfbewohner, dreihundert Haushalte, werden keinen Tadel erfahren.
Linie 3	食舊德，貞厲，終吉;或從王事，無成。	Alte Tugend zu genießen und Festigkeit zu bewahren, wird letztendlich zu Glück führen; oder sich in den Angelegenheiten des Königs zu engagieren, wird keinen Erfolg bringen.
Linie 4	不克訟，復即命，渝，安貞吉。	Unfähig, den Streit zu lösen, Rückkehr zum vorherigen Zustand; Veränderung bringt Frieden, und Festhalten an der Rechtschaffenheit führt zu Glück.
Linie 5	訟元吉。	Den Streit gleich zu Beginn zu klären, führt zu Glück.
Linie 6	或錫之鞶帶，終朝三褫之。	Man könnte auch einen kostbaren Gürtel erhalten, der jedoch dreimal an einem einzigen Morgen entzogen wird.

KOMBINATIONSEINBLICKE

IM I GING 4.0

Kan (Subjekt) trifft auf Qian (Objekt): Reibungsloser Fortschritt; Gewinn und Verlust koexistieren; Vorsicht ist geboten, wenn man handelt.

• Subjekt Mensch (Yang, fehlpositioniert, Erde) wird vom Objekt Mensch (Yang, richtig positioniert, Holz) zerstört, was zu einer Schädigung des Schicksals führt.

• Subjekt Erde (Yin, fehlpositioniert, Holz) wird vom Objekt Erde (Yang, fehlpositioniert, Wasser) erzeugt, was zu einer Unterstützung des Materials führt.

• Subjekt Himmel (Yin, fehlpositioniert, Feuer) erzeugt Objekt Himmel (Yang, fehlpositioniert, Erde), was zu einem Zustand führt, in dem der Geist "zukünftigen Gewinn, gegenwärtiges Leiden" erfährt.

7/ ERDE ÜBER WASSER

TRIGRAMM	ELEMENT DES TRIGRAMM	LINIEN	NATUR DES LINIE	NATUR DES POSITION	ELEMENT DER LINIE
Objekt	Earth	Obj. Heaven	Yin	Yin	Fire
		Obj. Human	Yin	Yang	Earth
		Obj. Earth	Yin	Yin	Metal
Subjekt	Water	Sub. Heaven	Yin	Yang	Fire
		Sub. Human	Yang	Yin	Earth
		Sub. Earth	Yin	Yang	Wood

VATICINATION BY KING WEN

IN I GING 2.0

URSPRÜNGLICHE WAHRSAGUNG	INTERPRETATION DER WAHRSAGUNG
師:貞,丈人吉,無咎。	*Shī* steht für einen Zeitpunkt, an dem es wichtig ist, Gerechtigkeit zu wahren und von einer tugendhaften und fähigen Person unterstützt zu werden, um sicherzustellen, dass keine Fehler oder Mängel auftreten.

LINIENBEZEICHNUNG VON ZHOU GONG

IM I GING 3.0

LINIEN DES HEXAGRAMMS	URSPRÜNGLICHE BEZEICHNUNG	INTERPRETATION DER BEZEICHNUNG
Linie 1	師出以律,否藏,凶。	Die Armee zieht ohne Disziplin oder Geheimhaltung aus, was zu Unglück führt.
Linie 2	在師中吉,無咎,王三錫命。	Die Armee wahrt die Zentralität und bringt Glück, vermeidet Unheil; der König belohnt dreimal.
Linie 3	師或輿尸,凶。	Die Armee transportiert Leichname in ihren Wagen, ein böses Omen.
Linie 4	師左次,無咎。	Die Armee zieht nach links zurück, ohne Fehler.
Linie 5	田有禽,利執言,無咎。長子出師,弟子輿尸,貞凶。	Es gibt Vögel und Tiere auf den Feldern; es ist vorteilhaft, an seinen Worten festzuhalten, und es gibt keinen Fehler. Der älteste Sohn geht in den Krieg, während der jüngere Bruder die Toten trägt; Gerechtigkeit zu wahren führt zu Unglück.
Linie 6	大君有命,開國承家,小人勿用。	Der große Herr hat den Befehl, eine Nation zu gründen und eine Familie zu erben; man sollte keine kleinlichen Individuen beschäftigen

KOMBINATIONSEINBLICKE

IM I GING 4.0

Kan (Subjekt) trifft Kun (Objekt): Sehr schwierig, leidend, selbstständig.

• Subjekt Mensch (Yang, fehlpositioniert, Erde) harmoniert mit Objekt Mensch (Yin, fehlpositioniert, Erde), was zu einer intakten Bestimmung führt.

• Subjekt Erde (Yin, fehlpositioniert, Holz) wird vom Objekt Erde (Yin, richtig positioniert, Metall) zerstört, was zu einem Schaden für die Materie führt.

• Subjekt Himmel (Yin, fehlpositioniert, Feuer) harmoniert mit Objekt Himmel (Yin, richtig positioniert, Feuer), was zu einer intakten Spiritualität führt.

8/ WASSER ÜBER ERDE

TRIGRAMM	ELEMENT DES TRIGRAMM	LINIEN	NATUR DES LINIE	NATUR DES POSITION	ELEMENT DER LINIE
Objekt	Wasser	Obj. Himmel	Yin	Yin	Feuer
		Obj. Mensch	Yang	Yang	Erde
		Obj. Erde	Yin	Yin	Holz
Subjekt	Erde	Sub. Himmel	Yin	Yang	Feuer
		Sub. Mensch	Yin	Yin	Erde
		Sub. Erde	Yin	Yang	Metall

WAHRSAGUNGEN VON KÖNIG WEN

IM I GING 2.0

URSPRÜNGLICHE WAHRSAGUNG	INTERPRETATION DER WAHRSAGUNG
比:吉,原筮,元永貞,無咎。不寧方來,後夫凶。	*Bǐ* bezeichnet den Zeitpunkt, Strategien wie zu Beginn anzuwenden; die Aufrechterhaltung von Integrität, wie sie zu Beginn war, wird Fehler vermeiden. Es gibt keinen Frieden, wenn jemand von weit her ankommt, und das spätere Eintreffen bringt Unglück.

LINIENBEZEICHNUNG VON ZHOU GONG

IM I GING 3.0

LINIEN DES HEXAGRAMMS	URSPRÜNGLICHE BEZEICHNUNG	INTERPRETATION DER BEZEICHNUNG
Linie 1	有孚,比之,無咎。有孚盈缶,終來有他吉。	Glaube und Nähe führen zu keinen Fehlern. Ein aufrichtiges Herz, das voll ist, wird letztendlich Frieden bringen.
Linie 2	比之自內,貞吉。	Intern nahe zu sein und Integrität aufrechtzuerhalten bringt Glück.
Linie 3	比之匪人。	Nah zu den Bösen sein.
Linie 4	外比之,貞吉。	Nah zur Außenwelt zu sein, während man Integrität wahrt, bringt Glück.
Linie 5	顯比,王用三驅,失前禽,邑人 不誡,吉。	Nah zu den Weisen; der König verfolgt mit einem dreizackigen Ansatz und verliert das Spiel, während die Stadtbewohner nicht ermahnt werden; dies ist günstig.
Linie 6	比之無首,凶。	Nah ohne einen Führer zu sein, ist ominös.

KOMBINATIONSEINBLICKE

IM I GING 4.0

Kun (Subjekt) trifft auf Kan (Objekt): Schwierig, mögliche Leiden.

• Subjekt Mensch (Yin, richtig positioniert, Erde) harmonisiert mit Objekt Mensch (Yang, richtig positioniert, Erde), was dazu führt, dass das Schicksal intakt bleibt.

• Subjekt Erde (Yin, fehlpositioniert, Metall) zerstört Objekt Erde (Yin, richtig positioniert, Holz), was dazu führt, dass das Materielle nicht unterstützt wird und möglicherweise leidet; wird jedoch entgegengewirkt, könnte das Materielle geschädigt werden.

• Subjekt Himmel (Yin, fehlpositioniert, Feuer) harmonisiert mit Objekt Himmel (Yin, richtig positioniert, Feuer), was dazu führt, dass der Geist intakt bleibt.

9/ WIND ÜBER HIMMEL

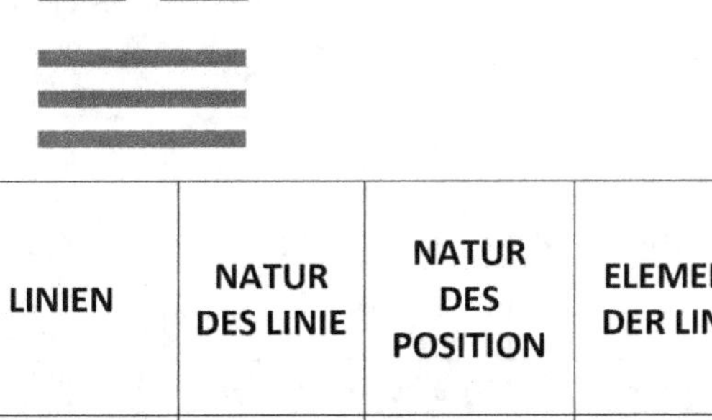

TRIGRAMM	ELEMENT DES TRIGRAMM	LINIEN	NATUR DES LINIE	NATUR DES POSITION	ELEMENT DER LINIE
Objekt	Holz	Obj. Himmel	Yang	Yin	Metall
		Obj. Mensch	Yang	Yang	Wasser
		Obj. Erde	Yin	Yin	Erde
Subjekt	Metall	Sub. Himmel	Yang	Yang	Erde
		Sub. Mensch	Yang	Yin	Holz
		Sub. Erde	Yang	Yang	Wasser

WAHRSAGUNGEN VON KÖNIG WEN

IM I GING 2.0

URSPRÜNGLICHE WAHRSAGUNG	INTERPRETATION DER WAHRSAGUNG
小畜:亨,密雲不雨,自我西郊。	*Xiao Su* Xiao Su weist auf einen Zeitpunkt hin, an dem sich eine dichte Ansammlung zeigt, als ob Ergebnisse unmittelbar bevorstehen, jedoch noch nicht sichtbar sind. Die Wolken sind dicht, aber der Regen ist noch nicht gefallen, weshalb man weiterhin warten muss. Es gibt einen reibungslosen Verlauf, aber noch keine Ergebnisse; man sollte weiterhin in Richtung der westlichen Vororte blicken.

LINIENBEZEICHNUNG VON ZHOU GONG

IM I GING 3.0

LINIEN DES HEXAGRAMMS	URSPRÜNGLICHE BEZEICHNUNG	INTERPRETATION DER BEZEICHNUNG
Linie 1	復自道,何其咎,吉。	Zurück zu seinem eigenen Weg, es gibt keinen Fehler, und es ist sogar vorteilhaft.
Linie 2	牽復,吉。	Die richtige Neupositionierung führt zu Glück.
Linie 3	輿說輻,夫妻反目。	Das Rad des Wagens bricht, was zu Konflikten zwischen Ehemann und Ehefrau führt.
Linie 4	有孚,血去,惕出,無咎。	Mit Vertrauen heilen die Wunden, Ängste verschwinden, und es gibt keine Fehler.
Linie 5	有孚攣如,富以其鄰。	Vertrauen bindet eng, Wohlstand kommt von den Nachbarn.
Linie 6	既雨既處,尚德載,婦貞厲,月幾望,君子征凶。	Nach dem Regen gibt es Frieden; Tugend wird geehrt. Eine Frau, die Rechtschaffenheit wahrt, erfährt Trauer. Der Mond ist fast voll, und der Edle schreitet voran, sieht sich jedoch dem Unglück gegenüber.

KOMBINATIONSEINBLICKE

IM I GING 4.0

Qian (Subjekt) trifft auf Sun (Objekt): schwierig, Gewinn und Verlust koexistieren.

• Subjekt Mensch (Yang, fehlpositioniert, Holz) wird durch das Objekt Mensch (Yang, richtig positioniert, Wasser) erzeugt, was zu einem Gewinn im Schicksal führt.

• Subjekt Erde (Yang, richtig positioniert, Wasser) wird durch das Objekt Erde (Yin, richtig positioniert, Erde) zerstört, was zu einer Schädigung des Materials führt.

• Subjekt Himmel (Yang, richtig positioniert, Erde) erzeugt das Objekt Himmel (Yang, fehlpositioniert, Metall), was dazu führt, dass der Geist „zukünftigen Gewinn, gegenwärtiges Leiden" erfährt.

10/ HIMMEL ÜBER SEE

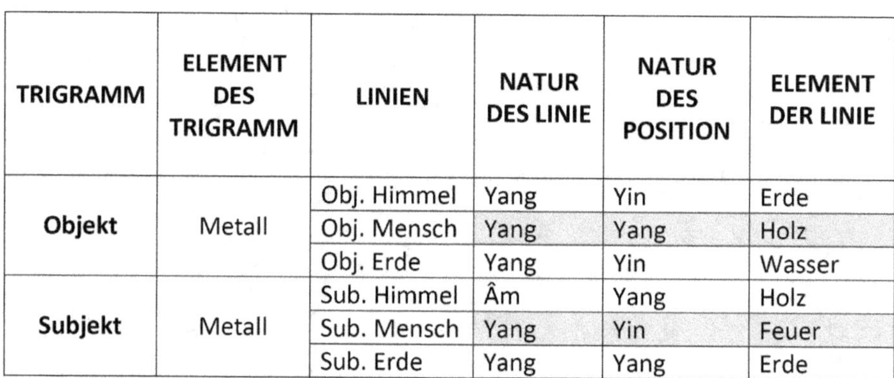

TRIGRAMM	ELEMENT DES TRIGRAMM	LINIEN	NATUR DES LINIE	NATUR DES POSITION	ELEMENT DER LINIE
Objekt	Metall	Obj. Himmel	Yang	Yin	Erde
		Obj. Mensch	Yang	Yang	Holz
		Obj. Erde	Yang	Yin	Wasser
Subjekt	Metall	Sub. Himmel	Âm	Yang	Holz
		Sub. Mensch	Yang	Yin	Feuer
		Sub. Erde	Yang	Yang	Erde

WAHRSAGUNGEN VON KÖNIG WEN

IM I GING 2.0

URSPRÜNGLICHE WAHRSAGUNG	INTERPRETATION DER WAHRSAGUNG
履: 虎尾, 不咥人, 亨。	*Lǚ* bedeutet den Zeitpunkt friedlicher Umstände, in dem man auf dem Schwanz eines Tigers tritt, ohne Schaden zu nehmen. Dies symbolisiert Sicherheit und, mit Geschick, sogar die Gunst von höhergestellten Personen. Dies deutet auf reibungslosen Fortschritt hin, wenn es keine Opposition oder Schwierigkeiten von anderen gibt, und signalisiert eine Zeit des Friedens und des Erfolgs.

LINIENBEZEICHNUNG VON ZHOU GONG

IM I GING 3.0

LINIEN DES HEXAGRAMMS	URSPRÜNGLICHE BEZEICHNUNG	INTERPRETATION DER BEZEICHNUNG
Linie 1	素履, 往， 無咎。	Einfache Schritte, vorwärts ohne Fehler.
Linie 2	履道坦坦,幽人貞吉。	Der Weg ist glatt und eben; der Einsiedler bewahrt die Gerechtigkeit und erlangt Glück.
Linie 3	眇能視,跛辱履,履虎尾,咥人,凶。武人為于大君。	Mit schlechtem Sehen versucht man dennoch zu sehen, geht mit Schwierigkeiten, tritt auf den Schwanz des Tigers und wird gebissen, was zu Unglück führt.
Linie 4	履虎尾,想想終吉。	Ein Krieger verhält sich, als wäre er ein großer Herr.
Linie 5	夬履,貞厲。	Auf den Schwanz des Tigers treten, mit Bedacht, wird letztendlich Glück bringen.
Linie 6	視履考祥,其旋,元吉。	Entschlossenes Handeln, die Integrität wahren, doch Schwierigkeiten bestehen weiterhin.

KOMBINATIONSEINBLICKE

IM I GING 4.0

Dui (Subjekt) trifft auf Qian (Objekt): Möglicherweise reibungsloser Fortschritt, Leiden.

• Subjekt Mensch (Yang, falsch positioniert, Feuer) wird vom Objekt Mensch (Yang, richtig positioniert, Holz) erzeugt, was zu einem Gewinn des Schicksals führt.

• Subjekt Erde (Yang, richtig positioniert, Erde) zerstört Objekt Erde (Yang, falsch positioniert, Wasser), was zu unzureichendem Material und möglichem Leiden führt.

• Subjekt Himmel (Yin, falsch positioniert, Holz) zerstört Objekt Himmel (Yang, falsch positioniert, Erde), was zu unzureichendem Geist und möglichem Leiden führt.

11/ ERDE ÜBER HIMMEL

TRIGRAMM	ELEMENT DES TRIGRAMM	LINIEN	NATUR DES LINIE	NATUR DES POSITION	ELEMENT DER LINIE
Objekt	Erde	Obj. Himmel	Yin	Yin	Feuer
		Obj. Mensch	Yin	Yang	Erde
		Obj. Erde	Yin	Yin	Metall
Subjekt	Metall	Sub. Himmel	Yang	Yang	Erde
		Sub. Mensch	Yang	Yin	Holz
		Sub. Erde	Yang	Yang	Wasser

WAHRSAGUNGEN VON KÖNIG WEN

IM I GING 2.0

URSPRÜNGLICHE WAHRSAGUNG	INTERPRETATION DER WAHRSAGUNG
泰:小往大來,吉,亨。	*Tài* bedeutet den Zeitpunkt von Glück und reibungslosen Fortschritten. Alles entfaltet sich günstig, das Kleine geht und das Große kommt, was dies zu einem idealen Zeitpunkt macht, um geplante Ziele und Vorhaben umzusetzen.

LINIENBEZEICHNUNG VON ZHOU GONG

IM I GING 3.0

LINIEN DES HEXAGRAMMS	URSPRÜNGLICHE BEZEICHNUNG	INTERPRETATION DER BEZEICHNUNG
Linie 1	拔茅茹,以其彙,怔吉。	Das Ausreißen des Schilfrohrs, das Herausziehen in Büscheln, bringt guten Fortune.
Linie 2	苞荒,用馮河,不遐遺,朋亡,得尚 于中行。	In der Wildnis, den großen Fluss überqueren, wird nichts vernachlässigt, Freunde gehen verloren, aber Größe wird gewonnen, wenn man den Mittelweg verfolgt.
Linie 3	無平不陂,無往不復,艱貞無咎, 勿恤其孚,于食有福。	Es gibt keinen Ort ohne Höhen und Tiefen, keine Reise ohne Rückkehr. In der Not führt die Wahrung der Integrität zu keinen Fehlern. Sorge dich nicht um Vertrauen; es gibt Segen in der Nahrung.
Linie 4	翩翩,不富以其鄰,不戒以孚。	Gemächlich, ohne Reichtum, der von Nachbarn stammt, ohne Einschränkungen, die das Vertrauen untergraben.
Linie 5	帝乙歸妹以祉,元吉。	Die Kaiserin Di Yi verheiratet ihre Schwester und bringt Segen; das ist günstig.
Linie 6	城復于隍,勿用師,自邑告命,貞吝。	Die Stadt kollabiert zu einem Erdhügel; setze die Truppen nicht mehr ein. Die Proklamation kann nur innerhalb des Dorfes erfolgen, und die Wahrung der Rechtschaffenheit kann zu Gefahr führen.

KOMBINATIONSEINBLICKE

IM I GING 4.0

Qian (Subjekt) trifft Kun (Objekt): Reibungsloser Fortschritt, Vorteil, sei vorsichtig bei Handlungen.

• Subjekt Mensch (Yang, fehlpositioniert, Holz) zerstört Objekt Mensch (Yin, fehlpositioniert, Erde), was dazu führt, dass das Schicksal nicht unterstützt wird und Leid entsteht.

• Subjekt Erde (Yang, richtig positioniert, Wasser) wird durch

Objekt Erde (Yin, richtig positioniert, Metall) erzeugt, was dazu führt, dass das Material unterstützt wird.
• Subjekt Himmel (Yang, richtig positioniert, Erde) wird durch Objekt Himmel (Yin, richtig positioniert, Feuer) erzeugt, was dazu führt, dass der Geist unterstützt wird.

12/ HIMMEL ÜBER ERDE

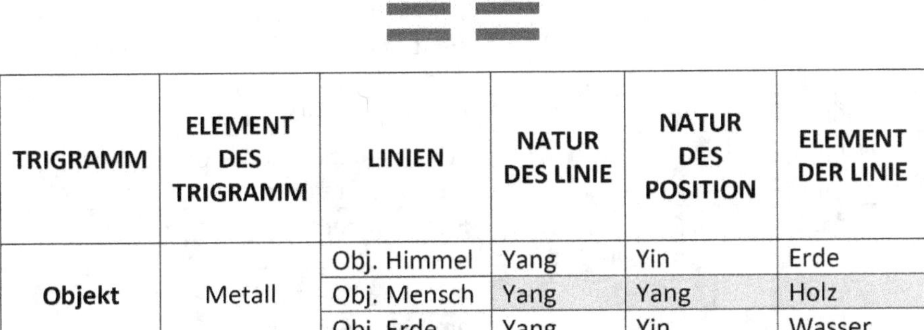

TRIGRAMM	ELEMENT DES TRIGRAMM	LINIEN	NATUR DES LINIE	NATUR DES POSITION	ELEMENT DER LINIE
Objekt	Metall	Obj. Himmel	Yang	Yin	Erde
		Obj. Mensch	Yang	Yang	Holz
		Obj. Erde	Yang	Yin	Wasser
Subjekt	Erde	Sub. Himmel	Yin	Yang	Feuer
		Sub. Mensch	Yin	Yin	Erde
		Sub. Erde	Yin	Yang	Metall

WAHRSAGUNGEN VON KÖNIG WEN

IM I GING 2.0

URSPRÜNGLICHE WAHRSAGUNG	INTERPRETATION DER WAHRSAGUNG
否: 之匪人,不利君子貞,大往小來。	*Pǐ* steht für den Zeitpunkt des Nachteils, der einen Mangel an Menschlichkeit und Verlust mit sich bringt. Dieser Zeitpunkt ist für edle Menschen ungeeignet; selbst wenn man mit Integrität handelt, werden keine Vorteile entstehen. Wenn das Große geht und nur das Kleine kommt, ist das ein Grund zur Besorgnis.

LINIENBEZEICHNUNG VON ZHOU GONG

IM I GING 3.0

LINIEN DES HEXAGRAMMS	URSPRÜNGLICHE BEZEICHNUNG	INTERPRETATION DER BEZEICHNUNG
Linie 1	拔茅茹,以其彙,貞吉,亨。 .	Das Ernten des Schilfrohrs, das gesamte Bündel zu nehmen, führt durch die Wahrung der Rechtschaffenheit zu Glück und reibungslosen Fortschritt.
Linie 2	包承,小人吉,大人否,亨。	Die Einschränkungen ertragend, gedeiht der kleinliche Mensch, der edle Mensch sieht sich Schwierigkeiten gegenüber, doch folgt der Erfolg.
Linie 3	包羞。	Die Schande ertragend.
Linie 4	有命,無咎,疇離祉。	Schicksalhaft ohne Fehler, und die Gefährten teilen sich den Segen.
Linie 5	休否,大人吉,其亡,其亡,繫于苞桑。	Ruhen in der Widrigkeit; der edle Mensch gedeiht. Es kann Verlust geben, es kann Verlust geben, aber halte fest am Maulbeerbaum.
Linie 6	傾否,先否後喜。	Die Widrigkeit bricht zusammen; zuerst kommt die Mühe, dann folgt die Freude.

KOMBINATIONSEINBLICKE

IM I GING 4.0

Kun (Subjekt) trifft auf Qian (Objekt): Möglicherweise reibungsloser Fortschritt, Leiden; seien Sie vorsichtig bei der Handlungsweise.

• Subjekt Mensch (Yin, richtig positioniert, Erde) wird vom Objekt Mensch (Yang, richtig positioniert, Holz) zerstört, was dazu führt, dass das Schicksal beeinträchtigt wird.

• Subjekt Erde (Yin, fehlpositioniert, Metall) erzeugt das Objekt Erde (Yang, fehlpositioniert, Wasser), was dazu führt, dass das Materielle „zukünftigen Gewinn, gegenwärtiges Leiden" hat.

• Subjekt Himmel (Yin, fehlpositioniert, Feuer) erzeugt das Objekt Himmel (Yang, fehlpositioniert, Erde), was dazu führt, dass der Geist „zukünftigen Gewinn, gegenwärtiges Leiden" hat.

13/ HIMMEL ÜBER FEUER

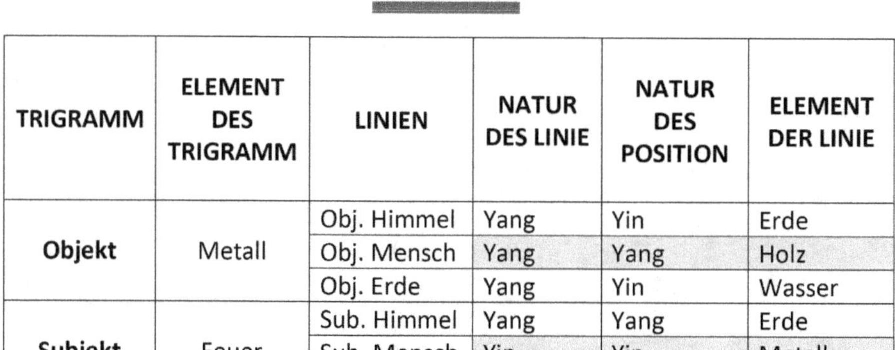

TRIGRAMM	ELEMENT DES TRIGRAMM	LINIEN	NATUR DES LINIE	NATUR DES POSITION	ELEMENT DER LINIE
Objekt	Metall	Obj. Himmel	Yang	Yin	Erde
		Obj. Mensch	Yang	Yang	Holz
		Obj. Erde	Yang	Yin	Wasser
Subjekt	Feuer	Sub. Himmel	Yang	Yang	Erde
		Sub. Mensch	Yin	Yin	Metall
		Sub. Erde	Yang	Yang	Wasser

WAHRSAGUNGEN VON KÖNIG WEN

IM I GING 2.0

URSPRÜNGLICHE WAHRSAGUNG	INTERPRETATION DER WAHRSAGUNG
同人:于野,亨,利涉大川,利君子貞。	*Tóng Rén* bedeutet den Zeitpunkt, an dem die Dinge noch in ihren frühen, unentwickelten Phasen sind, wie eine Wildnis. Unter solchen Umständen kann der Fortschritt reibungslos verlaufen, und den Mut zu haben, Schwierigkeiten zu überwinden, wie das Überqueren eines großen Flusses, bringt Vorteile. Eine edle Person, die den Weg der Rechtschaffenheit einhält und unrechtmäßige Handlungen vermeidet, wird ebenfalls Vorteile erlangen.

LINE DENOTATION BY ZHOU GONG

<u>IN I GING 3.0</u>

LINIEN DES HEXAGRAMMS	URSPRÜNGLICHE BEZEICHNUNG	INTERPRETATION DER BEZEICHNUNG
Linie 1	同人于門,無咎。	Mit Menschen direkt am Tor in Verbindung treten, kein Fehler.
Linie 2	同人于宗,吝。	Mit Menschen aus demselben Clan in Verbindung treten, es gibt Anlass zur Sorge.
Linie 3	伏戎于莽,升其高陵,三歲不興。	Truppen im dichten Wald verstecken, auf hohen Hügeln lauern, drei Jahre ohne Wohlstand.
Linie 4	乘其墉,弗克攻,吉。	Die Stadtmauern erklimmen, aber nicht angreifen, bringt Glück.
Linie 5	同人,先號咷而後笑,大師克 相遇。	Mit anderen zusammen sein, zuerst gibt es Weinen, dann folgt das Lachen; die große Armee kämpft und vereint sich dann.
Linie 6	同人于郊,無悔。	Mit anderen am Rand, es gibt keine Reue.

KOMBINATIONSEINBLICKE

IM I GING 4.0

Li (Subjekt) trifft Qian (Objekt): Schwierig, selbstständig, vorsichtig bei Handlungen.

• Subjekt Mensch (Yin, richtig positioniert, Metall) zerstört Objekt Mensch (Yang, richtig positioniert, Holz), was zu einer nicht unterstützten und leidvollen Schicksalslage führt.

• Subjekt Erde (Yang, richtig positioniert, Wasser) harmoniert mit Objekt Erde (Yang, fehlpositioniert, Wasser), was zu intakter Materie führt.

• Subjekt Himmel (Yang, richtig positioniert, Erde) harmoniert mit Objekt Himmel (Yang, fehlpositioniert, Erde), was zu intaktem Geist führt.

14/ FEUER ÜBER HIMMEL

TRIGRAMM	ELEMENT DES TRIGRAMM	LINIEN	NATUR DES LINIE	NATUR DES POSITION	ELEMENT DER LINIE
Objekt	Feuer	Obj. Himmel	Yang	Yin	Erde
		Obj. Mensch	Yin	Yang	Metall
		Obj. Erde	Yang	Yin	Wasser
Subjekt	Metall	Sub. Himmel	Yang	Yang	Erde
		Sub. Mensch	Yang	Yin	Holz
		Sub. Erde	Yang	Yang	Wasser

WAHRSAGUNGEN VON KÖNIG WEN

IM I GING 2.0

URSPRÜNGLICHE WAHRSAGUNG	INTERPRETATION DER WAHRSAGUNG
大有：元亨。	*Dà Yǒu* bedeutet den Zeitpunkt reibungsloser Anfänge.

LINIENBEZEICHNUNG VON ZHOU GONG

IM I GING 3.0

LINIEN DES HEXAGRAMMS	URSPRÜNGLICHE BEZEICHNUNG	INTERPRETATION DER BEZEICHNUNG
Linie 1	無交害,匪咎,難則無咎。	Keine schädlichen Interaktionen führen zu keinen Fehlern; in Schwierigkeiten gibt es keine Mängel.
Linie 2	大車以載,有攸往,無咎。	Der große Wagen trägt eine schwere Last, kann fahren und hat keine Fehler.
Linie 3	公用亨于天子,小人弗克。	Öffentliche Angelegenheiten gedeihen unter dem Kaiser; die Kleinen können dem nicht standhalten.
Linie 4	匪其彭,無咎。	Ohne Prahlerei gibt es keinen Fehler.
Linie 5	厥孚交如,威如,吉。	Eine aufrichtige Vereinbarung und ein guter Ruf führen zu Glück.
Linie 6	自天祐之,吉,無不利。	Vom Himmel gesegnet, ist es günstig, ohne Nachteile.

KOMBINATIONSEINBLICKE

IM I GING 4.0

Qian (Subjekt) trifft auf Li (Objekt): Sehr schwierig, selbstständig; sei äußerst vorsichtig bei Handlungen.

• Subjekt Mensch (Yang, fehlpositioniert, Holz) wird von Objekt Mensch (Yin, fehlpositioniert, Metall) zerstört, was dazu führt, dass das Schicksal geschädigt wird.

• Subjekt Erde (Yang, richtig positioniert, Wasser) harmoniert mit Objekt Erde (Yin, fehlpositioniert, Wasser), was zu intaktem Material führt.

• Subjekt Himmel (Yang, richtig positioniert, Erde) harmoniert mit Objekt Himmel (Yang, fehlpositioniert, Erde), was zu intaktem Geist führt.

15/ ERDE ÜBER BERG

TRIGRAMM	ELEMENT DES TRIGRAMM	LINIEN	NATUR DES LINIE	NATUR DES POSITION	ELEMENT DER LINIE
Objekt	Erde	Obj. Himmel	Yin	Yin	Feuer
		Obj. Mensch	Yin	Yang	Erde
		Obj. Erde	Yin	Yin	Metall
Subjekt	Erde	Sub. Himmel	Yang	Yang	Metall
		Sub. Mensch	Yin	Yin	Feuer
		Sub. Erde	Yin	Yang	Erde

WAHRSAGUNGEN VON KÖNIG WEN

IM I GING 2.0

URSPRÜNGLICHE WAHRSAGUNG	INTERPRETATION DER WAHRSAGUNG
謙:亨,君子有終	*Qiān* steht für den Zeitpunkt der Demut, der günstige Bedingungen schaffen wird, und die edle Person wird letztendlich ihre Ziele erreichen (ein positives Ergebnis).

LINIENBEZEICHNUNG VON ZHOU GONG

IM I GING 3.0

LINIEN DES HEXAGRAMMS	URSPRÜNGLICHE BEZEICHNUNG	INTERPRETATION DER BEZEICHNUNG
Linie 1	謙謙君子,用涉大川,吉。	Die demütige edle Person kann mit einer solchen Denkweise den großen Fluss überqueren; es ist günstig.
Linie 2	鳴謙,貞吉。	Demütig strahlend, bringt die Wahrung der Integrität Glück.
Linie 3	勞謙,君子有終,吉。	Fleißig demütig hat die edle Person ein gutes Ende, das Glück bringt.
Linie 4	無不利,偽謙。	Es gibt nichts Unnützliches, selbst wenn es nur eine Vorwand der Demut ist.
Linie 5	不富以其鄰,利用侵伐,無不利。	Wohlstand nicht von Nachbarn erlangend, Nutzen aus Invasion ziehend, gibt es nichts Unnützliches.
Linie 6	鳴謙,利用行師征邑國。	Demütig, aber strahlend, wird militärische Aktion genutzt, um Dörfer und Staaten zu erobern.

KOMBINATIONSEINBLICKE

IM I GING 4.0

Kun (Subjekt) trifft Dui (Objekt): Möglicherweise reibungsloser Fortschritt, Leid.

• Subjekt Mensch (Yin, richtig positioniert, Feuer) erzeugt Objekt Mensch (Yin, falsch positioniert, Erde), was dazu führt, dass das Schicksal in Nutzung ist.

• Subjekt Erde (Yin, falsch positioniert, Erde) erzeugt Objekt Erde (Yang, richtig positioniert, Metall), was dazu führt, dass das Material „zukünftigen Gewinn, gegenwärtiges Leiden" hat.

• Subjekt Himmel (Yang, richtig positioniert, Metall) wird durch Objekt Himmel (Yin, richtig positioniert, Feuer) zerstört, was dazu führt, dass der Geist geschädigt wird, es sei denn, es erfolgt eine Gegenmaßnahme.

16/ DONNER ÜBER ERDE

TRIGRAMM	ELEMENT DES TRIGRAMM	LINIEN	NATUR DES LINIE	NATUR DES POSITION	ELEMENT DER LINIE
Objekt	Holz	Obj. Himmel	Yin	Yin	Erde
		Obj. Mensch	Yin	Yang	Metall
		Obj. Erde	Yang	Yin	Feuer
Subjekt	Erde	Sub. Himmel	Yin	Yang	Feuer
		Sub. Mensch	Yin	Yin	Erde
		Sub. Erde	Yin	Yang	Metall

WAHRSAGUNGEN VON KÖNIG WEN

IM I GING 2.0

URSPRÜNGLICHE WAHRSAGUNG	INTERPRETATION DER WAHRSAGUNG
豫:利建後,行師。	*Yù* bedeutet den Zeitpunkt, an Allianzen (Untergebene, Verbündete) zu arbeiten und sorgfältige Vorsichtsmaßnahmen zu treffen, die vorteilhaft sein werden, wenn wichtige Aktivitäten (wie den Einsatz von Truppen) durchgeführt werden.

LINIENBEZEICHNUNG VON ZHOU GONG

IM I GING 3.0

LINIEN DES HEXAGRAMMS	URSPRÜNGLICHE BEZEICHNUNG	INTERPRETATION DER BEZEICHNUNG
Linie 1	鳴豫,凶。	Fröhlich, aber laut zu sein, ist ein schlechtes Omen.
Linie 2	介于石,不終日,貞吉。	So standhaft wie ein Stein zu sein, erfordert es nicht, den ganzen Tag durchzuhalten; Integrität bringt Glück.
Linie 3	盱豫,悔遲,有悔。	Freudig nach oben schauen, unabhängig vom Ergebnis, wird es Bedauern geben.
Linie 4	由豫,大有得,勿疑朋盍簪。	Freude bringt große Gewinne; zweifle nicht daran, dass Freunde dich unterstützen werden.
Linie 5	貞疾,恆,不死。	Aufrecht zu sein, während man krank ist und unverändert bleibt, führt zur Unsterblichkeit.
Linie 6	冥豫,成有渝,無咎。	Freudig verwirrt zu sein, wenn Veränderungen eintreten, gibt es keine Sorgen.

KOMBINATIONSEINBLICKE

IM I GING 4.0

Kun (Subjekt) trifft Zhen (Objekt): Sehr schwierig, leidvoll.

• Subjekt Mensch (Yin, richtig positioniert, Erde) erzeugt Objekt Mensch (Yin, falsch positioniert, Metall), was dazu führt, dass das Schicksal genutzt wird.

• Subjekt Erde (Yin, falsch positioniert, Metall) wird von Objekt Erde (Yang, falsch positioniert, Feuer) zerstört, was dazu führt, dass das Material geschädigt wird.

• Subjekt Himmel (Yin, falsch positioniert, Feuer) erzeugt Objekt Himmel (Yin, richtig positioniert, Erde), was dazu führt, dass der Geist „künftigen Gewinn, gegenwärtiges Leiden" erfährt.

17/ SEE ÜBER DONNER

TRIGRAMM	ELEMENT DES TRIGRAMM	LINIEN	NATUR DES LINIE	NATUR DES POSITION	ELEMENT DER LINIE
Objekt	Metall	Obj. Himmel	Yin	Yin	Holz
		Obj. Mensch	Yang	Yang	Feuer
		Obj. Erde	Yang	Yin	Erde
Subjekt	Holz	Sub. Himmel	Yin	Yang	Erde
		Sub. Mensch	Yin	Yin	Metall
		Sub. Erde	Yang	Yang	Feuer

WAHRSAGUNGEN VON KÖNIG WEN

IM I GING 2.0

URSPRÜNGLICHE WAHRSAGUNG	INTERPRETATION DER WAHRSAGUNG
隨:元亨利貞,無咎。	*Sui* bedeutet den Zeitpunkt, an dem Flexibilität und Anpassung an die Situation einen reibungslosen Fortschritt ermöglichen. Treu zu dem rechten Weg zu bleiben, bringt Nutzen, und auf diese Weise zu handeln, wird Fehler vermeiden.

LINIENBEZEICHNUNG VON ZHOU GONG

IM I GING 3.0

LINIEN DES HEXAGRAMMS	URSPRÜNGLICHE BEZEICHNUNG	INTERPRETATION DER BEZEICHNUNG
Linie 1	官有渝,貞吉,出門交有功。	Das Wechseln der Beamten und das Verweilen in Rechtschaffenheit bringt Glück; hinauszugehen und sich mit anderen zu verbinden, wird Erfolg bringen.
Linie 2	係小子,失丈夫。	Sich an das Geringere zu binden, führt zum Verlust des Größeren.
Linie 3	係丈夫,失小子,隨有求,得利,居貞。	Sich an das Edle zu binden, führt zum Verlust des Geringeren; dem Pfad folgen und suchen, Nutzen gewinnen und Integrität für friedliches Wohnen wahren.
Linie 4	隨有獲,貞凶,有孚在道,以明,何咎。	Den zeitlichen Rhythmus zu beachten, bringt große Belohnungen, doch Integrität zu wahren, führt zu Unglück. Mit Aufrichtigkeit und Treue zum Weg sowie Klarheit in der Tugend, wie kann es da Fehler geben?
Linie 5	孚于嘉,吉。	Vertrauen in das Gute bringt Wohlstand.
Linie 6	拘係之,乃從維之,王用亨于西山。	Festgehalten und gebunden, dann gefesselt, gedeihen die Angelegenheiten des Königs in den Westbergen.

KOMBINATIONSEINBLICKE

IM I GING 4.0

Zhen (Subjekt) trifft Dui (Objekt): Sehr schwierig, leidvoll, extreme Vorsicht ist geboten, wenn Maßnahmen ergriffen werden.

• Subjekt Mensch (Yin, richtig positioniert, Metall) wird zerstört von Objekt Mensch (Yang, richtig positioniert, Feuer), was dazu führt, dass das Schicksal geschädigt wird.

• Subjekt Erde (Yang, richtig positioniert, Feuer) erzeugt Objekt Erde (Yang, fehlpositioniert, Erde), was dazu führt, dass das Materielle „zukünftigen Gewinn, gegenwärtiges Leiden" bringt.

• Subjekt Himmel (Yin, fehlpositioniert, Erde) wird zerstört von

Objekt Himmel (Yin, richtig positioniert, Holz), was dazu führt, dass der Geist geschädigt wird und leidet.

18/ BERG ÜBER WIND

TRIGRAMM	ELEMENT DES TRIGRAMM	LINIEN	NATUR DES LINIE	NATUR DES POSITION	ELEMENT DER LINIE
Objekt	Erde	Obj. Himmel	Yang	Yin	Metall
		Obj. Mensch	Yin	Yang	Feuer
		Obj. Erde	Yin	Yin	Erde
Subjekt	Holz	Sub. Himmel	Yang	Yang	Metall
		Sub. Mensch	Yang	Yin	Wasser
		Sub. Erde	Yin	Yang	Erde

WAHRSAGUNGEN VON KÖNIG WEN
IM I GING 2.0

URSPRÜNGLICHE WAHRSAGUNG	INTERPRETATION DER WAHRSAGUNG
蠱:元亨,利涉大川,先甲三日,後甲三日。	*Gǔ* bedeutet den Zeitpunkt, an dem der Beginn reibungslos verläuft und die Entschlossenheit, große Aufgaben zu übernehmen, Vorteile bringen wird. Es ist wichtig, drei Tage vor und drei Tage nach dem Jiǎ-Tag (dem Ausgangspunkt) sorgfältig nachzudenken.

LINIENBEZEICHNUNG VON ZHOU GONG
IM I GING 3.0

LINIEN DES HEXAGRAMMS	URSPRÜNGLICHE BEZEICHNUNG	INTERPRETATION DER BEZEICHNUNG
Linie 1	幹交之蠱,有子,考無咎,厲, 終吉。	Die Korrektur des Fehlers des Vaters, ein Kind zu haben, um mit dem Vater zu beraten, führt zu keinem Vorwurf; es ist gefährlich, endet aber letztendlich gut.
Linie 2	幹母之蠱,不可貞。	Die Korrektur des Fehlers der Mutter ist nicht ratsam, um die Integrität zu wahren.
Linie 3	幹父之蠱,小有悔,無大咎。	Die Korrektur des Fehlers des Vaters führt zu einem kleinen Bedauern, aber nicht zu einem großen Fehler.
Linie 4	裕父之蠱,往見吝。	Die langanhaltende Korrektur des Fehlers des Vaters führt zu Bedauern.
Linie 5	幹父之蠱,用譽。	Die Korrektur des Fehlers des Vaters führt zu Lob.
Linie 6	不事王侯,高尚其事。	Nicht dem König zu dienen, wähle edle Bestrebungen.

KOMBINATIONSEINBLICKE

IM I GING 4.0

Sun (Subjekt) trifft Gen (Objekt): Schwierig, selbstständig; sei sehr vorsichtig, wenn du handelst.

• Subjekt Mensch (Yang, fehlpositioniert, Wasser) zerstört Objekt Mensch (Yin, fehlpositioniert, Feuer), was dazu führt, dass das Schicksal nicht unterstützt wird und Leid entsteht.

• Subjekt Erde (Yin, fehlpositioniert, Erde) harmoniert mit Objekt Erde (Yin, richtig positioniert, Erde), was zu intakten Materialien führt.

• Subjekt Himmel (Yang, richtig positioniert, Metall) harmoniert mit Objekt Himmel (Yang, fehlpositioniert, Metall), was zu einem intakten Geist führt.

19/ ERDE ÜBER SEE

TRIGRAMM	ELEMENT DES TRIGRAMM	LINIEN	NATUR DES LINIE	NATUR DES POSITION	ELEMENT DER LINIE
Objekt	Erde	Obj. Himmel	Yin	Yin	Feuer
		Obj. Mensch	Yin	Yang	Erde
		Obj. Erde	Yin	Yin	Metall
Subjekt	Metall	Sub. Himmel	Yin	Yang	Holz
		Sub. Mensch	Yang	Yin	Feuer
		Sub. Erde	Yang	Yang	Erde

WAHRSAGUNGEN VON KÖNIG WEN

IM I GING 2.0

URSPRÜNGLICHE WAHRSAGUNG	INTERPRETATION DER WAHRSAGUNG
臨:元亨,利貞,至于八月有凶。	*Lín* bedeutet den Zeitpunkt des reibungslosen Fortschritts. Es ist jedoch wichtig, Integrität zu wahren (gerecht zu handeln und Fehlverhalten zu vermeiden), um Vorteile zu erlangen. Sei dir bewusst, dass der August Schwierigkeiten oder Herausforderungen bringen kann.

LINIENBEZEICHNUNG VON ZHOU GONG

IM I GING 3.0

LINIEN DES HEXAGRAMMS	URSPRÜNGLICHE BEZEICHNUNG	INTERPRETATION DER BEZEICHNUNG
Linie 1	咸臨,貞吉。	Wechselnde Annäherung; die Wahrung der Integrität bringt Glück.
Linie 2	咸臨,吉,無不利。	Wechselnde Annäherung, Glück, nichts Ungünstiges.
Linie 3	甘臨,無攸利,既憂之,無咎。	Süße Annäherung, ohne Vorteil, darüber besorgt, kein Fehler.
Linie 4	至臨,無咎。	Annäherung mit Anwesenheit, kein Fehler.
Linie 5	知臨,大君之宜,吉。	Annäherung mit Weisheit, das Verhalten des großen Mannes, glückverheißend.
Linie 6	敦臨,吉,無咎。	Annäherung mit Aufrichtigkeit, Glück, keine Schuld.

KOMBINATIONSEINBLICKE

IM I GING 4.0

Dui (Subjekt) trifft Kun (Objekt): Gleichermaßen reibungsloser Fortschritt, Verlust und Gewinn koexistieren.

• Subjekt Mensch (Yang, fehlpositioniert, Feuer) erzeugt Objekt Mensch (Yin, fehlpositioniert, Erde), was dazu führt, dass das Schicksal genutzt wird.

• Subjekt Erde (Yang, richtig positioniert, Erde) erzeugt Objekt Erde (Yin, richtig positioniert, Metall), was dazu führt, dass das Materielle „zukünftigen Gewinn, gegenwärtiges Leiden" darstellt.

• Subjekt Himmel (Yin, fehlpositioniert, Holz) erzeugt Objekt Himmel (Yin, richtig positioniert, Feuer), was dazu führt, dass der Geist „zukünftigen Gewinn, gegenwärtiges Leiden" darstellt.

20/ WIND ÜBER ERDE

TRIGRAMM	ELEMENT DES TRIGRAMM	LINIEN	NATUR DES LINIE	NATUR DES POSITION	ELEMENT DER LINIE
Objekt	Holz	Obj. Himmel	Yang	Yin	Metall
		Obj. Mensch	Yang	Yang	Wasser
		Obj. Erde	Yin	Yin	Erde
Subjekt	Erde	Sub. Himmel	Yin	Yang	Feuer
		Sub. Mensch	Yin	Yin	Erde
		Sub. Erde	Yin	Yang	Metall

WAHRSAGUNGEN VON KÖNIG WEN
IM I GING 2.0

URSPRÜNGLICHE WAHRSAGUNG	INTERPRETATION DER WAHRSAGUNG
觀:盥而不薦,有孚顒若。	*Guān* bezeichnet den Zeitpunkt des Beobachtens der Situation. Obwohl bereits Vorbereitungen getroffen wurden (wie das Händewaschen vor dem Ritual), wird es, wenn der nächste Schritt nicht unternommen wird (wie das Darbringen von Opfergaben während des Rituals), lediglich Bewunderung geben, ohne dass praktische Ergebnisse erzielt werden.

LINIENBEZEICHNUNG VON ZHOU GONG

IM I GING 3.0

LINIEN DES HEXAGRAMMS	URSPRÜNGLICHE BEZEICHNUNG	INTERPRETATION DER BEZEICHNUNG
Linie 1	童觀,小人無咎,君子吝。	Die kindliche Beobachtung: Der kleine Mensch hat keinen Fehler, während der edle Mensch Scham empfindet.
Linie 2	窺觀,利女貞。	Die diskrete Beobachtung: Die Frau, die Integrität bewahrt, wird profitieren.
Linie 3	觀我生,進退。	Beobachte dich selbst, wissend, wann man voranschreiten oder sich zurückziehen sollte.
Linie 4	觀國之光,利用賓于王。	Beobachte den Glanz der Nation; als Gast des Königs zu sein, bringt Vorteile.
Linie 5	觀我生,君子無咎。	Beobachte das eigene Leben; der edle Mensch wird keinen Fehler haben.
Linie 6	觀其生,君子無咎。	Beobachte das Leben anderer; der edle Mensch wird keinen Fehler haben.

KOMBINATIONSEINBLICKE

IM I GING 4.0

Kun (Subjekt) trifft auf Sun (Objekt): Sehr schwierig, Verlust und Gewinn koexistieren; Vorsicht ist geboten, wenn gehandelt wird.

• Subjekt Mensch (Yin, in der richtigen Position, Erde) zerstört Objekt Mensch (Yang, in der richtigen Position, Wasser), was zu einer ungestützten Bestimmung und Leiden führt.

• Subjekt Erde (Yin, fehlpositioniert, Metall) wird durch Objekt Erde (Yin, in der richtigen Position, Erde) erzeugt, was zur materiellen Unterstützung führt.

• Subjekt Himmel (Yin, fehlpositioniert, Feuer) zerstört Objekt Himmel (Yang, fehlpositioniert, Metall), was zu einem ungestützten Geist und Leiden führt.

21/ FEUER ÜBER DONNER

TRIGRAMM	ELEMENT DES TRIGRAMM	LINIEN	NATUR DES LINIE	NATUR DES POSITION	ELEMENT DER LINIE
Objekt	Feuer	Obj. Himmel	Yang	Yin	Erde
		Obj. Mensch	Yin	Yang	Metall
		Obj. Erde	Yang	Yin	Wasser
Subjekt	Holz	Sub. Himmel	Yin	Yang	Erde
		Sub. Mensch	Yin	Yin	Metall
		Sub. Erde	Yang	Yang	Feuer

WAHRSAGUNGEN VON KÖNIG WEN

IM I GING 2.0

URSPRÜNGLICHE WAHRSAGUNG	INTERPRETATION DER WAHRSAGUNG
噬嗑:亨,利用獄。	*Shì Ké* bedeutet die Zeit, in der die Anwendung von Bestrafung zu Erfolg und Vorteilen führen kann.

LINIENBEZEICHNUNG VON ZHOU GONG

IM I GING 3.0

LINIEN DES HEXAGRAMMS	URSPRÜNGLICHE BEZEICHNUNG	INTERPRETATION DER BEZEICHNUNG
Linie 1	履校滅趾,無咎。	Mit Fußfesseln, die die Zehen abschnüren, liegt kein Fehler vor.
Linie 2	噬膚,滅鼻,無咎。	In weiches Fleisch beißen und die Nase anritzen, kein Fehler.
Linie 3	噬惜肉,遇毒,小吝,無咎。	In getrocknetes Fleisch beißen, auf Gift stoßen, geringes Bedauern, aber kein Fehler.
Linie 4	噬乾胏,得金矢,利艱貞,吉。	In getrocknete Knochen beißen, einen goldenen Pfeil finden, von der Härte profitieren, günstig.
Linie 5	噬乾肉,得黃金,貞厲,無咎。	In getrocknetes Fleisch beißen und Gold gewinnen, in Gefahr Integrität bewahren, kein Fehler.
Linie 6	何校,滅耳,凶。	Fußfesseln tragen und ein Ohr verlieren, ist unheilvoll.

KOMBINATIONSEINBLICKE

IM I GING 4.0

Zhen (Subjekt) trifft Li (Objekt): Möglicherweise glatt, leidend, selbstständig.

• Subjekt Mensch (Yin, korrekt positioniertes Metall) harmoniert mit Objekt Mensch (Yin, falsch positioniertes Metall), was zur Folge hat, dass das Schicksal unversehrt bleibt.

• Subjekt Erde (Yin, korrekt positioniertes Feuer) wird von Objekt Erde (Yin, falsch positioniertes Wasser) zerstört, was zu einer Schädigung des Materiellen führt, die jedoch abgeschwächt werden kann, wenn eine Gegenmaßnahme ergriffen wird.

• Subjekt Himmel (Yin, falsch positionierte Erde) harmoniert mit Objekt Himmel (Yang, falsch positionierte Erde), was zur Folge hat, dass der Geist unversehrt bleibt.

22/ BERG ÜBER FEUER

TRIGRAMM	ELEMENT DES TRIGRAMM	LINIEN	NATUR DES LINIE	NATUR DES POSITION	ELEMENT DER LINIE
Objekt	Erde	Obj. Himmel	Yang	Yin	Metall
		Obj. Mensch	Yin	Yang	Feuer
		Obj. Erde	Yin	Yin	Erde
Subjekt	Feuer	Sub. Himmel	Yang	Yang	Erde
		Sub. Mensch	Yin	Yin	Metall
		Sub. Erde	Yang	Yang	Wasser

WAHRSAGUNGEN VON KÖNIG WEN

IM I GING 2.0

URSPRÜNGLICHE WAHRSAGUNG	INTERPRETATION DER WAHRSAGUNG
賁:亨,小利有攸往。	*Bì* bezeichnet den Zeitpunkt des stetigen Fortschritts, jedoch nur mit kleinen Gewinnen.

LINIENBEZEICHNUNG VON ZHOU GONG

IM I GING 3.0

LINIEN DES HEXAGRAMMS	URSPRÜNGLICHE BEZEICHNUNG	INTERPRETATION DER BEZEICHNUNG
Linie 1	賁其趾,舍車而徒。	Schmücke die Füße, verlasse den Wagen und gehe zu Fuß.
Linie 2	賁其須,有孚,往吉。	Schmücke den Bart, es gibt Vertrauen, voranschreiten bringt Glück.
Linie 3	賁如,濡如,永貞吉。	Strahlend und sanft, wie wenn befeuchtet; Beharrlichkeit bringt dauerhaftes Glück.
Linie 4	賁如,皤如,白馬翰如,匪寇,婚媾。	Strahlend und hell, wie ein weißes Pferd, das schnell galoppiert; kein Feind, sondern ein Heiratsbündnis.
Linie 5	賁于丘園,束帛戔戔,吝,終吉。	Die Hügel und Gärten schmücken, einfache Seidenbündel darbringen; es gibt Zurückhaltung, aber letztendlich gutes Omen.
Linie 6	白賁,無咎。	Schlichtes Zieren, ohne Fehl.

KOMBINATIONSEINBLICKE

IM I GING 4.0

Li (Subjekt) trifft Kun (Objekt): Möglicherweise reibungsloser Fortschritt, Leiden; Vorsicht ist geboten, wenn Maßnahmen ergriffen werden.

• **Subjekt Mensch** (Yin, recht-positioniert, Metall) wird durch **Objekt Mensch** (Yin, fehl-positioniert, Feuer) zerstört, was zu einem beeinträchtigten Schicksal führt, jedoch könnte der Schaden gemildert werden, wenn eine Gegenmaßnahme ergriffen wird.

• **Subjekt Erde** (Yang, recht-positioniert, Wasser) wird durch **Objekt Erde** (Yin, recht-positioniert, Erde) zerstört, was zu einem geschädigten materiellen Zustand führt.

• **Subjekt Himmel** (Yang, recht-positioniert, Erde) erzeugt **Objekt Himmel** (Yang, fehl-positioniert, Metall), was zu „zukünftigem Gewinn, gegenwärtigem Leid" im geistigen Zustand führt.

23/ BERG ÜBER ERDE

TRIGRAMM	ELEMENT DES TRIGRAMM	LINIEN	NATUR DES LINIE	NATUR DES POSITION	ELEMENT DER LINIE
Objekt	Erde	Obj. Himmel	Yang	Yin	Metall
		Obj. Mensch	Yin	Yang	Feuer
		Obj. Erde	Yin	Yin	Erde
Subjekt	Erde	Sub. Himmel	Yin	Yang	Feuer
		Sub. Mensch	Yin	Yin	Erde
		Sub. Erde	Yin	Yang	Metall

WAHRSAGUNGEN VON KÖNIG WEN

IM I GING 2.0

URSPRÜNGLICHE WAHRSAGUNG	INTERPRETATION DER WAHRSAGUNG
剝:執之用黃牛之革,載日月而行,不利有攸往。	*Bō* bedeutet den Zeitpunkt, an dem eine zu schwere Last getragen wird (als ob das Gewicht von Sonne und Mond niederdrückt) und man beim Voranschreiten gebunden ist, ohne Vorteil.

LINIENBEZEICHNUNG VON ZHOU GONG

IM I GING 3.0

LINIEN DES HEXAGRAMMS	URSPRÜNGLICHE BEZEICHNUNG	INTERPRETATION DER BEZEICHNUNG
Linie 1	剝床以足,蔑貞,凶。	Das Abziehen des Bettes von den Füßen, das Verlassen der Gerechtigkeit, führt zu Unglück.
Linie 2	剝床以辨,蔑負,凶。	Das Abziehen des Bettes durch Unterscheidung, das Abgeben der Verantwortung, führt zu Unglück.
Linie 3	剝之,無咎。	Das Abziehen, kein Fehler.
Linie 4	剝床以膚,凶。	Das Abziehen des Bettes bis auf die Haut, führt zu Unglück.
Linie 5	貫魚,以宮人龍,無不利。	Fische zusammenbinden, mit Palastdienern, nichts ist ungünstig.
Linie 6	碩果不食,君子得輿,小人剝盧。	Die große Frucht wird nicht gegessen; der Edle erhält eine Kutsche, der Gemeine zieht die Hütte ab.

KOMBINATIONSEINBLICKE

IM I GING 4.0

Kun (Subjekt) trifft Gen (Objekt): Möglicherweise reibungsloser Fortschritt, Gewinn und Verlust existieren gleichzeitig, der Gewinn überwiegt den Verlust.

• Das Subjekt Mensch (Yin, richtig positioniert, Erde) wird durch das Objekt Mensch (Yin, falsch positioniert, Feuer) erzeugt, was dazu führt, dass das Schicksal im Gewinn ist.

• Das Subjekt Erde (Yin, falsch positioniert, Metall) wird durch das Objekt Erde (Yin, richtig positioniert, Erde) erzeugt, was dazu führt, dass das Material unterstützt wird.

• Das Subjekt Himmel (Yin, falsch positioniert, Feuer) zerstört das Objekt Himmel (Yang, falsch positioniert, Metall), was dazu führt, dass der Geist nicht unterstützt wird und möglicherweise leidet.

24/ ERDE ÜBER DONNER

TRIGRAMM	ELEMENT DES TRIGRAMM	LINIEN	NATUR DES LINIE	NATUR DES POSITION	ELEMENT DER LINIE
Objekt	Erde	Obj. Himmel	Yin	Yin	Feuer
		Obj. Mensch	Yin	Yang	Erde
		Obj. Erde	Yin	Yin	Metall
Subjekt	Holz	Sub. Himmel	Yin	Yang	Erde
		Sub. Mensch	Yin	Yin	Metall
		Sub. Erde	Yang	Yang	Feuer

WAHRSAGUNGEN VON KÖNIG WEN
IM I GING 2.0

URSPRÜNGLICHE WAHRSAGUNG	INTERPRETATION DER WAHRSAGUNG
復:亨,出入無疾,朋來無咎,反復其道,七日來復,利有攸往。	*Fù* bezeichnet den Zeitpunkt der Rückkehr nach einer schwierigen Phase; wenn Freunde und Partner ankommen, gibt es nicht nur keinen Fehler, sondern das Vorankommen wird auch Vorteile bringen.

LINIENBEZEICHNUNG VON ZHOU GONG
IM I GING 3.0

LINIEN DES HEXAGRAMMS	URSPRÜNGLICHE BEZEICHNUNG	INTERPRETATION DER BEZEICHNUNG
Linie 1	不遠復,無祗悔,元吉。	Nicht weit gehen, um zurückzukehren, ohne Bedauern, bringt großes Glück.
Linie 2	休復,吉。	Ruhe und Rückkehr; es ist günstig.
Linie 3	頻復,厲,無咎。	Wiederholt zurückzukehren ist ernst, aber es gibt keinen Fehler.
Linie 4	中行獨復。	Allein auf der Reise zurückkehren.
Linie 5	敦復,無悔。	Rückkehr mit Aufrichtigkeit, ohne Bedauern.
Linie 6	迷服,凶,有災殃,用行師,終有大敗,以其國君,凶,至於十年,不克征。	Verwirrt und gedämpft zu sein, bringt Unglück, mit Katastrophen und Unheil. Der Einsatz einer Armee wird letztendlich zu einer großen Niederlage führen; für ihren Herrscher ist es ungünstig; bis zu zehn Jahre wird es keinen Erfolg in den Feldzügen geben

KOMBINATIONSEINBLICKE

IM I GING 4.0

Zhen (Subjekt) trifft Kun (Objekt): Schwierig, Gewinn und Verlust koexistieren.

• Subjekt Mensch (Yin, richtig positioniert, Metall) wird vom Objekt Mensch (Yin, falsch positioniert, Erde) erzeugt, was zu einem Gewinn im Schicksal führt.

• Subjekt Erde (Yang, richtig positioniert, Feuer) zerstört das Objekt Erde (Yin, richtig positioniert, Metall), was dazu führt, dass das Material nicht unterstützt wird und möglicherweise leidet.

• Subjekt Himmel (Yin, falsch positioniert, Erde) wird vom Objekt Himmel (Yang, richtig positioniert, Feuer) erzeugt, was dazu führt, dass der Geist unterstützt wird.

25/ HIMMEL ÜBER DONNER

TRIGRAMM	ELEMENT DES TRIGRAMM	LINIEN	NATUR DES LINIE	NATUR DES POSITION	ELEMENT DER LINIE
Objekt	Metall	Obj. Himmel	Yang	Yin	Erde
		Obj. Mensch	Yang	Yang	Holz
		Obj. Erde	Yang	Yin	Wasser
Subjekt	Holz	Sub. Himmel	Yin	Yang	Erde
		Sub. Mensch	Yin	Yin	Metall
		Sub. Erde	Yang	Yang	Feuer

WAHRSAGUNGEN VON KÖNIG WEN
IM I GING 2.0

URSPRÜNGLICHE WAHRSAGUNG	INTERPRETATION DER WAHRSAGUNG
無妄:元亨利貞,其匪正有眚,不利有攸往。	*Wú Wàng* bedeutet den Zeitpunkt, an dem man durch die Wahrung der Rechtschaffenheit reibungslos und vorteilhaft vorankommen kann. Wenn jedoch die Rechtschaffenheit missachtet wird, führt dies zu einer Katastrophe, und es gibt keinen Vorteil bei der Verfolgung von Handlungen.

LINIENBEZEICHNUNG VON ZHOU GONG
IM I GING 3.0

LINIEN DES HEXAGRAMMS	URSPRÜNGLICHE BEZEICHNUNG	INTERPRETATION DER BEZEICHNUNG
Linie 1	無妄,往吉。	Keine Täuschung; das Voranschreiten ist günstig.
Linie 2	不耕獲,不菑畬,則利有攸終。	Kein Pflügen, aber Ernten, kein Säen, aber Gewinnen; es wird sicher Vorteile beim Vorankommen geben.
Linie 3	無妄之災,或係之牛,行人之得,邑人之災。	Katastrophen aus keiner Täuschung können vom Binden von Rindern herrühren; Reisende können gewinnen, während die Dorfbewohner leiden.
Linie 4	可貞,無咎。	Fähig, Integrität zu bewahren, kein Fehler.
Linie 5	無妄之疾,勿藥有喜。	Krankheit aus keiner Täuschung; ohne Medizin gibt es Freude.
Linie 6	無妄行,有眚,無攸利。	Handeln ohne Täuschung führt zu Fehlern; es gibt keine Vorteile zu gewinnen

KOMBINATIONSEINBLICKE

IM I GING 4.0

Zhen (Subjekt) trifft auf Qian (Objekt): Sehr schwierig und leidvoll; sei vorsichtig, wenn du handelst.

• Subjekt Mensch (Yin, richtig positioniert, Metall) zerstört Objekt Mensch (Yang, richtig positioniert, Holz), was dazu führt, dass das Schicksal ungestützt ist und Leid verursacht.

• Subjekt Erde (Yang, richtig positioniert, Feuer) wird von Objekt Erde (Yang, fehlpositioniert, Wasser) zerstört, was zu Schäden an den Materialien führt, aber der Schaden könnte verringert werden, wenn eine Gegenmaßnahme erfolgt.

• Subjekt Himmel (Yin, fehlpositioniert, Erde) harmonisiert mit Objekt Himmel (Yang, fehlpositioniert, Erde), was dazu führt, dass der Geist intakt bleibt

26/ BERG ÜBER HIMMEL

TRIGRAMM	ELEMENT DES TRIGRAMM	LINIEN	NATUR DES LINIE	NATUR DES POSITION	ELEMENT DER LINIE
Objekt	Erde	Obj. Himmel	Yang	Yin	Metall
		Obj. Mensch	Yin	Yang	Feuer
		Obj. Erde	Yin	Yin	Erde
Subjekt	Erde	Sub. Himmel	Yang	Yang	Erde
		Sub. Mensch	Yang	Yin	Holz
		Sub. Erde	Yang	Yang	Wasser

WAHRSAGUNGEN VON KÖNIG WEN

IM I GING 2.0

URSPRÜNGLICHE WAHRSAGUNG	INTERPRETATION DER WAHRSAGUNG
大畜:利貞不家食, 吉,利涉大川。	*Dà Xù* bedeutet den Zeitpunkt, an dem die Wahrung der Gerechtigkeit zur offiziellen Anerkennung (d.h. zum Erhalt der Gunst des Königs) führt, was Wohlstand zur Folge hat. Diejenigen, die es wagen, Schwierigkeiten zu überwinden (wie das Überqueren eines großen Flusses), werden Vorteile ernten.

LINIENBEZEICHNUNG VON ZHOU GONG

IM I GING 3.0

LINIEN DES HEXAGRAMMS	URSPRÜNGLICHE BEZEICHNUNG	INTERPRETATION DER BEZEICHNUNG
Linie 1	有厲,利已。	Es gibt Gefahren; das Anhalten bringt Vorteile.
Linie 2	輿說輻。	Der Wagen hat seine Achse entfernt.
Linie 3	良馬逐,利艱貞,日閑輿衛,利有攸往。	Zwei Pferde laufen zusammen; die Gerechtigkeit in der Schwierigkeit aufrechtzuerhalten bringt Vorteile; das Wachen am Tag ist einfach, vorteilhaft, wenn man vorankommt.
Linie 4	童牛之牿,元吉。	Der Joch des Kalbes, durchweg günstig.
Linie 5	豶豕之牙,吉。	Die Stoßzähne eines kastrierten Schweins, günstig.
Linie 6	何天之衢,亨。	Der himmlische Kreuzungsweg; reibungslos.

KOMBINATIONSEINBLICKE

IM I GING 4.0

Qian (Subjekt) trifft Gen (Objekt): Möglicherweise reibungsloser Fortschritt, aber Leiden; seien Sie vorsichtig bei Handlungen.

• Subjekt Mensch (Yang, fehlpositioniert, Holz) wird vom Objekt Mensch (Yin, fehlpositioniert, Feuer) zerstört, was zu einer Schädigung des Schicksals führt.

• Subjekt Erde (Yang, richtig positioniert, Wasser) wird vom Objekt Erde (Yin, richtig positioniert, Erde) zerstört, was zu einer Schädigung des Materials führt.

• Subjekt Himmel (Yang, richtig positioniert, Erde) erzeugt Objekt Himmel (Yang, fehlpositioniert, Metall), was zu einem Geist führt, der "zukünftigen Gewinn, gegenwärtiges Leiden" bedeutet.

27/ BERG ÜBER DONNER

TRIGRAMM	ELEMENT DES TRIGRAMM	LINIEN	NATUR DES LINIE	NATUR DES POSITION	ELEMENT DER LINIE
Objekt	Erde	Obj. Himmel	Yang	Yin	Metall
		Obj. Mensch	Yin	Yang	Feuer
		Obj. Erde	Yin	Yin	Erde
Subjekt	Holz	Sub. Himmel	Yin	Yang	Erde
		Sub. Mensch	Yin	Yin	Metall
		Sub. Erde	Yang	Yang	Feuer

WAHRSAGUNGEN VON KÖNIG WEN

IM I GING 2.0

URSPRÜNGLICHE WAHRSAGUNG	INTERPRETATION DER WAHRSAGUNG
頤:貞吉,觀頤,自求口實。	*Yí* bedeutet den Zeitpunkt, an dem die Wahrung der Gerechtigkeit zu Glück führt. Betrachten Sie das Problem von seinen Wurzeln, verstehen Sie es gründlich und handeln Sie in Angelegenheiten, die für sich selbst wesentlich sind.

LINIENBEZEICHNUNG VON ZHOU GONG

IM I GING 3.0

LINIEN DES HEXAGRAMMS	URSPRÜNGLICHE BEZEICHNUNG	INTERPRETATION DER BEZEICHNUNG
Linie 1	舍爾靈龜,觀我朵頤,凶。	Die heilige Schildkröte aufgeben, um mein Festmahl zu beobachten; das ist unheilvoll.
Linie 2	顛頤,拂經,于丘頤,征凶。	Umgekehrt nähren, gegen die natürliche Ordnung; auf einem Hügel zu nähren, eine Expedition zu unternehmen, führt zu Unglück.
Linie 3	拂頤,貞凶,十年勿用,無攸利。	Unangemessene Ernährung, die Wahrung der Gerechtigkeit bringt Unglück; für zehn Jahre sollte nichts unternommen werden, es wird kein Nutzen kommen.
Linie 4	顛頤,吉,虎視眈眈,其欲逐逐,無咎。	Umgekehrt nähren, günstig; der Tiger starrt intensiv, mit starkem Verlangen, keine Schuld.
Linie 5	拂經,居貞吉,不可涉大川。	Gegen die natürliche Ordnung, die Aufrechterhaltung der Gerechtigkeit bringt Glück; es ist nicht möglich, den großen Fluss zu überqueren.
Linie 6	由頤,厲,吉,利涉大川。	Durch Ernährung kommt Gefahr, doch auch Glück; es ist vorteilhaft, den großen Fluss zu überqueren."

KOMBINATIONSEINBLICKE

IM I GING 4.0

Zhen (Subjekt) trifft Gen (Objekt): Schwierig und auf sich selbst angewiesen; Vorsicht ist bei der Handlung erforderlich.

• Das Subjekt Mensch (Yin, richtig positioniert, Metall) wird vom Objekt Mensch (Yin, fehlpositioniert, Feuer) zerstört, was dazu führt, dass das Schicksal geschädigt wird. Der Schaden könnte jedoch verringert werden, wenn eine Gegenmaßnahme erfolgt.

• Das Subjekt Erde (Yang, richtig positioniert, Feuer) erzeugt das Objekt Erde (Yin, richtig positioniert, Erde), was dazu führt, dass die Materie "zukünftigen Gewinn, gegenwärtiges Leiden" erfährt.

• Das Subjekt Himmel (Yin, fehlpositioniert, Erde) erzeugt das

Objekt Himmel (Yang, fehlpositioniert, Metall), was dazu führt, dass der Geist "zukünftigen Gewinn, gegenwärtiges Leiden" erfährt.

28/ SEE ÜBER WIND

TRIGRAMM	ELEMENT DES TRIGRAMM	LINIEN	NATUR DES LINIE	NATUR DES POSITION	ELEMENT DER LINIE
Objekt	Metall	Obj. Himmel	Yin	Yin	Holz
		Obj. Mensch	Yang	Yang	Feuer
		Obj. Erde	Yang	Yin	Erde
Subjekt	Holz	Sub. Himmel	Yang	Yang	Metall
		Sub. Mensch	Yang	Yin	Wasser
		Sub. Erde	Yin	Yang	Erde

WAHRSAGUNGEN VON KÖNIG WEN

IM I GING 2.0

URSPRÜNGLICHE WAHRSAGUNG	INTERPRETATION DER WAHRSAGUNG
大過:棟橈,利有攸往,亨。	*Dà Guò* bedeutet den Zeitpunkt, an dem die Geduld überschritten wird und die tragenden Balken ebenfalls biegen. Veränderung ist notwendig, um Vorteile zu erlangen und einen reibungslosen Fortschritt zu erzielen.

LINIENBEZEICHNUNG VON ZHOU GONG

IM I GING 3.0

LINIEN DES HEXAGRAMMS	URSPRÜNGLICHE BEZEICHNUNG	INTERPRETATION DER BEZEICHNUNG
Linie 1	藉用白茅,無咎。	Die heilige Schildkröte aufgeben, um mein Festmahl zu beobachten; das ist unheilvoll.
Linie 2	枯楊生稊,老夫得其女妻,無不利。	Umgekehrt nähren, gegen die natürliche Ordnung; auf einem Hügel zu nähren, eine Expedition zu unternehmen, führt zu Unglück.
Linie 3	棟橈,凶。	Unangemessene Ernährung, die Wahrung der Gerechtigkeit bringt Unglück; für zehn Jahre sollte nichts unternommen werden, es wird kein Nutzen kommen.
Linie 4	棟隆,吉,有它,吝。	Umgekehrt nähren, günstig; der Tiger starrt intensiv, mit starkem Verlangen, keine Schuld.
Linie 5	枯楊生花,老婦得其士夫,無咎,無譽。	Gegen die natürliche Ordnung, die Aufrechterhaltung der Gerechtigkeit bringt Glück; es ist nicht möglich, den großen Fluss zu überqueren.
Linie 6	過涉滅頂,凶,無咎。	Durch Ernährung kommt Gefahr, doch auch Glück; es ist vorteilhaft, den großen Fluss zu überqueren."

KOMBINATIONSEINBLICKE

IM I GING 4.0

Sun (Subjekt) trifft Dui (Objekt): Sehr schwierig und selbstständig; Vorsicht ist beim Handeln geboten.

• Subjekt Mensch (Yang, falsch positioniert, Wasser) zerstört Objekt Mensch (Yang, richtig positioniert, Feuer), was zu ungestütztem Schicksal und Leiden führt, aber es könnte geschädigt werden, wenn Gegenmaßnahmen ergriffen werden.

• Subjekt Erde (Yin, falsch positioniert, Erde) harmonisiert mit Objekt Erde (Yang, falsch positioniert, Erde), was dazu führt, dass das Materielle intakt bleibt.

· Subjekt Himmel (Yang, richtig positioniert, Metall) zerstört Objekt Himmel (Yin, richtig positioniert, Holz), was dazu führt, dass der Geist ungestützt ist und leidet.

· Subjekt Himmel (Yang, richtig positioniert, Metall) zerstört Objekt Himmel (Yin, richtig positioniert, Holz), was dazu führt, dass der Geist ungestützt ist und leidet.

29/ WASSER ÜBER WASSER

TRIGRAMM	ELEMENT DES TRIGRAMM	LINIEN	NATUR DES LINIE	NATUR DES POSITION	ELEMENT DER LINIE
Objekt	Wasser	Obj. Himmel	Yin	Yin	Feuer
		Obj. Mensch	Yang	Yang	Erde
		Obj. Erde	Yin	Yin	Holz
Subjekt	Wasser	Sub. Himmel	Yin	Yang	Feuer
		Sub. Mensch	Yang	Yin	Erde
		Sub. Erde	Yin	Yang	Holz

WAHRSAGUNGEN VON KÖNIG WEN

IM I GING 2.0

URSPRÜNGLICHE WAHRSAGUNG	INTERPRETATION DER WAHRSAGUNG
習坎:有孚維心,亨,行有尚。	*Kǎn* bedeutet den Zeitpunkt, an dem Aufrichtigkeit und Vertrauen aus dem Herzen kommen und edle Taten verehrt werden.

LINIENBEZEICHNUNG VON ZHOU GONG

IM I GING 3.0

LINIEN DES HEXAGRAMMS	URSPRÜNGLICHE BEZEICHNUNG	INTERPRETATION DER BEZEICHNUNG
Linie 1	習坎,入于坎窞,凶。	Zweimal Kan begegnen, in eine gefährliche Grube fallen, ist unheilvoll.
Linie 2	坎有險,求小得。	Kan birgt Gefahren; kleine Gewinne suchen.
Linie 3	來之坎坎,險且枕,入于坎窞, 勿用。	Kommen und Gehen sind beide gefährlich, auf Gefahren ruhend; in die tiefe Grube eintreten, nicht fortfahren.
Linie 4	樽酒,簋貳,用缶,納約白牖, 終無咎。	Ein Weingefäß, zwei Portionen Essen, einen Behälter verwenden, eine klare Vereinbarung annehmen, letztendlich wird es keinen Fehler geben.
Linie 5	坎不盈,祇既平,無咎。	Die Gefahr ist nicht überfließend; sie ist bereits im Gleichgewicht, und es wird keinen Fehler geben.
Linie 6	系用徽纆,寘于叢棘,三歲不得,凶。	Mit einem dünnen Faden gebunden, in einem dornigen Busch platziert, drei Jahre lang nichts erhalten; das ist unheilvoll.

KOMBINATIONSEINBLICKE

IM I GING 4.0

Kan (Subjekt) trifft Kan (Objekt): Möglicherweise reibungsloser Fortschritt; sanft und nachgiebig zu sein führt zu keinem Verlust.

• Subjekt Mensch (Yang, fehlpositioniert, Erde) harmoniert mit Objekt Mensch (Yang, richtig positioniert, Erde), was zu einer intakten Bestimmung führt.

• Subjekt Erde (Yin, fehlpositioniert, Holz) harmoniert mit Objekt Erde (Yin, richtig positioniert, Holz), was zu intakten Materialien führt.

• Subjekt Himmel (Yin, fehlpositioniert, Feuer) harmoniert mit Objekt Himmel (Yin, richtig positioniert, Feuer), was zu einem intakten Geist führt."

30/ FEUER ÜBER FEUER

TRIGRAMM	ELEMENT DES TRIGRAMM	LINIEN	NATUR DES LINIE	NATUR DES POSITION	ELEMENT DER LINIE
Objekt	Feuer	Obj. Himmel	Yang	Yin	Erde
		Obj. Mensch	Yin	Yang	Metall
		Obj. Erde	Yang	Yin	Wasser
Subjekt	Feuer	Sub. Himmel	Yang	Yang	Erde
		Sub. Mensch	Yin	Yin	Metall
		Sub. Erde	Yang	Yang	Wasser

WAHRSAGUNGEN VON KÖNIG WEN

IM I GING 2.0

URSPRÜNGLICHE WAHRSAGUNG	INTERPRETATION DER WAHRSAGUNG
離:利貞,亨,畜牝牛,吉。	*Lí* bezieht sich auf den Zeitpunkt, an dem das Festhalten an den richtigen Prinzipien Vorteile und reibungslosen Fortschritt bringt. Aktivitäten, die das Wachstum fördern können, wie das Züchten von weiblichen Büffeln, werden Glück bringen.

LINIENBEZEICHNUNG VON ZHOU GONG

IM I GING 3.0

LINIEN DES HEXAGRAMMS	URSPRÜNGLICHE BEZEICHNUNG	INTERPRETATION DER BEZEICHNUNG
Linie 1	履錯然,敬之無咎。	Wenn man vom Weg abkommt, führt Respekt zu keiner Schuld.
Linie 2	黄離,元吉。	Gelb in der Mitte, ursprünglich günstig.
Linie 3	日昃之離,不鼓缶而歌,則大耋之嗟,凶。	Am späten Nachmittag ist es schwierig; wenn man nicht trommelt und singt, ist es wie das Wehklagen eines Tauben, was unheilvoll ist.
Linie 4	突如,其來如,焚如,死如,氣如。	Plötzlich kommt es wie Feuer, wie der Tod, wie das Verlassen.
Linie 5	出涕沱若,戚嗟若,吉。	Tränen fließen und Seufzer sind zu hören; das ist günstig.
Linie 6	王用出征,有嘉,折首,獲匪其醜,無咎。	Der König mobilisiert für eine Expedition, erzielt gute Ergebnisse, erbeutet Köpfe und nimmt den Feind fest, ohne Sorgen.

KOMBINATIONSEINBLICKE

IM I GING 4.0

Li (Subjekt) trifft Li (Objekt): Möglicherweise reibungsloser Fortschritt, selbstständig; die Wahrung der Gerechtigkeit könnte zusätzlichen Nutzen bringen.

• Subjekt Mensch (Yin, richtig positioniert, Metall) harmoniert mit Objekt Mensch (Yin, falsch positioniert, Metall), was dazu führt, dass das Schicksal intakt bleibt.

• Subjekt Erde (Yang, richtig positioniert, Wasser) harmoniert mit Objekt Erde (Yang, falsch positioniert, Wasser), was dazu führt, dass das Material intakt bleibt.

• Subjekt Himmel (Yang, richtig positioniert, Erde) harmoniert mit Objekt Himmel (Yang, falsch positioniert, Erde), was dazu führt, dass der Geist intakt bleibt.

31/ SEE ÜBER BERG

TRIGRAMM	ELEMENT DES TRIGRAMM	LINIEN	NATUR DES LINIE	NATUR DES POSITION	ELEMENT DER LINIE
Objekt	Metall	Obj. Himmel	Yin	Yin	Holz
		Obj. Mensch	Yang	Yang	Feuer
		Obj. Erde	Yang	Yin	Erde
Subjekt	Erde	Sub. Himmel	Yang	Yang	Metall
		Sub. Mensch	Yin	Yin	Feuer
		Sub. Erde	Yin	Yang	Erde

WAHRSAGUNGEN VON KÖNIG WEN

IM I GING 2.0

URSPRÜNGLICHE WAHRSAGUNG	INTERPRETATION DER WAHRSAGUNG
咸:亨,利貞,取女,吉。	*Xián* bezeichnet die Zeit, in der die Wahrung der Gerechtigkeit und die Ausrichtung am Willen des Himmels zu Vorteil und reibungslosem Fortschritt führen, ähnlich wie das Heiraten und Gründen einer Familie, was Glück bringt.

LINIENBEZEICHNUNG VON ZHOU GONG

IM I GING 3.0

LINIEN DES HEXAGRAMMS	URSPRÜNGLICHE BEZEICHNUNG	INTERPRETATION DER BEZEICHNUNG
Linie 1	咸其拇。	"Die gegenseitige Verbindung beginnt am großen Zeh.
Linie 2	咸其腓,凶,居吉。	Gegenseitige Verbindung von der Wade, Unglück; in Ruhe bleiben bringt Glück.
Linie 3	咸其股,執其隨,往吝。	Gegenseitige Verbindung vom Oberschenkel, beharrlich verfolgend; Vorwärtsgehen führt zu Bedauern.
Linie 4	貞吉,悔亡,憧憧往來,朋從爾志。	Die Wahrung der Gerechtigkeit bringt Glück, kein Bedauern, hin und her Bewegung, Freunde folgen deinem Willen.
Linie 5	咸其脢,無悔。	Resonanz von den Schultern spüren, kein Bedauern.
Linie 6	咸其輔,頰,舌。	Resonanz von Wangen, Kiefer und Zunge

KOMBINATIONSEINBLICKE

IM I GING 4.0

Gen (Subjekt) trifft Dui (Objekt): Möglicherweise reibungslos, selbstständig.

• Subjekt Mensch (Yin, richtig positioniert, Feuer) harmoniert mit Objekt Mensch (Yang, richtig positioniert, Feuer), was zu einem intakten Schicksal führt.

• Subjekt Erde (Yin, fehlpositioniert, Erde) harmoniert mit Objekt Erde (Yang, fehlpositioniert, Erde), was zu einem intakten Material führt.

• Subjekt Himmel (Yang, richtig positioniert, Metall) zerstört Objekt Himmel (Yin, richtig positioniert, Holz), was zu ungestütztem Geist und Leiden führt.

32/ DONNER ÜBER WIND

TRIGRAMM	ELEMENT DES TRIGRAMM	LINIEN	NATUR DES LINIE	NATUR DES POSITION	ELEMENT DER LINIE
Objekt	Holz	Obj. Himmel	Yin	Yin	Erde
		Obj. Mensch	Yin	Yang	Metall
		Obj. Erde	Yang	Yin	Feuer
Subjekt	Holz	Sub. Himmel	Yang	Yang	Metall
		Sub. Mensch	Yang	Yin	Wasser
		Sub. Erde	Yin	Yang	Erde

WAHRSAGUNGEN VON KÖNIG WEN

IM I GING 2.0

URSPRÜNGLICHE WAHRSAGUNG	INTERPRETATION DER WAHRSAGUNG
恆:亨,無咎,利貞,利有攸往。	*Héng* bezeichnet den Zeitpunkt des reibungslosen Fortschritts, ohne Fehler. Indem man die richtigen Prinzipien beibehält und voranschreitet, kann man Vorteile erlangen.

LINIENBEZEICHNUNG VON ZHOU GONG

IM I GING 3.0

LINIEN DES HEXAGRAMMS	URSPRÜNGLICHE BEZEICHNUNG	INTERPRETATION DER BEZEICHNUNG
Linie 1	浚恆,貞凶,無攸利。	Tiefer gehen ohne Veränderung, das Bewahren der Integrität führt zu Unheil, und es gibt keine Vorteile zu gewinnen.
Linie 2	悔亡。	Bedauern schwindet.
Linie 3	不恆其德,或承之羞,貞吝。	Das Nichterhalten von Tugend kann zu Scham führen; selbst mit Integrität gibt es Gefahren.
Linie 4	田無禽。	Felder ohne Vögel.
Linie 5	恆其德,貞,婦人吉,夫子凶。	Ein tugendhafter Charakter bewahren; die Aufrechterhaltung der Gerechtigkeit bringt Frauen Glück, Männern jedoch Unglück.
Linie 6	震恆,凶。	Zittern und Instabilität, unheilvoll

KOMBINATIONSEINBLICKE

IM I GING 4.0

Sonne (Subjekt) trifft auf Zhen (Objekt): Harmonisch, unterstützt, insgesamt vorteilhaft.

• Subjekt Mensch (Yang, fehlpositioniert, Wasser) wird durch Objekt Mensch (Yin, fehlpositioniert, Metall) erzeugt, was dazu führt, dass das Schicksal im Vorteil ist.

• Subjekt Erde (Yin, fehlpositioniert, Erde) wird durch Objekt Erde (Yang, fehlpositioniert, Feuer) erzeugt, was dazu führt, dass das Materielle unterstützt wird.

• Subjekt Himmel (Yang, richtig positioniert, Metall) wird durch Objekt Himmel (Yin, richtig positioniert, Erde) erzeugt, was dazu führt, dass der Geist unterstützt wird.

33/ HIMMEL ÜBER BERG

TRIGRAMM	ELEMENT DES TRIGRAMM	LINIEN	NATUR DES LINIE	NATUR DES POSITION	ELEMENT DER LINIE
Objekt	Metall	Obj. Himmel	Yang	Yin	Erde
		Obj. Mensch	Yang	Yang	Holz
		Obj. Erde	Yang	Yin	Wasser
Subjekt	Erde	Sub. Himmel	Yang	Yang	Metall
		Sub. Mensch	Yin	Yin	Feuer
		Sub. Erde	Yin	Yang	Erde

WAHRSAGUNGEN VON KÖNIG WEN

IM I GING 2.0

URSPRÜNGLICHE WAHRSAGUNG	INTERPRETATION DER WAHRSAGUNG
遯:亨,小利貞。	*Dùn* bezieht sich auf das Timing, den richtigen Kurs einzuhalten, wenn man handelt, was zu einem reibungslosen Fortschritt und Vorteilen führen kann, auch wenn diese geringfügig sind.

LINIENBEZEICHNUNG VON ZHOU GONG

IM I GING 3.0

LINIEN DES HEXAGRAMMS	URSPRÜNGLICHE BEZEICHNUNG	INTERPRETATION DER BEZEICHNUNG
Linie 1	遯尾,厲,勿用有攸往。	Rückzug am Ende ist gefährlich; keine Handlung vornehmen.
Linie 2	執之用黃牛之革,莫之勝說。	Binde es mit der Haut eines gelben Büffels; niemand kann entkommen.
Linie 3	系遯有疾,厲,畜臣妾,吉。	Versteckt zu sein und gleichzeitig belastet zu sein, ist gefährlich; Nebenfrauen zu haben, ist günstig.
Linie 4	好遯,君子吉,小人否。	Sich mit Zuneigung zu verstecken, ist für einen Edlen günstig; für eine niedere Person nicht.
Linie 5	嘉遯,貞吉。	Mit Güte zu verbergen, an dem Richtigen festzuhalten, bringt Glück.
Linie 6	肥遯,無不利。	Mit Überfluss zu verbergen, bringt nichts Unvorteilhaftes.

KOMBINATIONSEINBLICKE

IM I GING 4.0

Gen (Subjekt) trifft auf Qian (Objekt): Möglicherweise reibungsloser Fortschritt, Gewinn und Verlust koexistieren, aber der Gewinn könnte den Verlust überwiegen.

• Subjekt Mensch (Yin, richtig positioniert, Feuer) wird durch Objekt Mensch (Yang, richtig positioniert, Holz) erzeugt, was dazu führt, dass das Schicksal im Vorteil ist.

• Subjekt Erde (Yin, fehlpositioniert, Erde) zerstört Objekt Erde (Yang, fehlpositioniert, Wasser), was dazu führt, dass das Materielle nicht unterstützt wird und leidet.

• Subjekt Himmel (Yang, richtig positioniert, Metall) wird durch Objekt Himmel (Yang, richtig positioniert, Erde) erzeugt, was dazu führt, dass der Geist unterstützt wird.

34/ DONNER ÜBER HIMMEL

TRIGRAMM	ELEMENT DES TRIGRAMM	LINIEN	NATUR DES LINIE	NATUR DES POSITION	ELEMENT DER LINIE
Objekt	Holz	Obj. Himmel	Yin	Yin	Erde
		Obj. Mensch	Yin	Yang	Metall
		Obj. Erde	Yang	Yin	Feuer
Subjekt	Metall	Sub. Himmel	Yang	Yang	Erde
		Sub. Mensch	Yang	Yin	Holz
		Sub. Erde	Yang	Yang	Wasser

WAHRSAGUNGEN VON KÖNIG WEN
IM I GING 2.0

URSPRÜNGLICHE WAHRSAGUNG	INTERPRETATION DER WAHRSAGUNG
大壯:剩貞。	*Dà Zhuàng* bedeutet das Timing, an den richtigen Prinzipien festzuhalten, zentriert und rechtschaffen zu sein, was Vorteile bringt.

LINIENBEZEICHNUNG VON ZHOU GONG
IM I GING 3.0

LINIEN DES HEXAGRAMMS	URSPRÜNGLICHE BEZEICHNUNG	INTERPRETATION DER BEZEICHNUNG
Linie 1	壯于趾,征凶,有孚。	Stark von den Zehen an, führt ein Vorstoß zu Unheil, doch es gibt Vertrauen.
Linie 2	貞吉。	Rechtschaffenheit bringt Glück.
Linie 3	小人用壯,君子用罔,貞厲,羝羊觸藩,羸其角。	Die kleine Person nutzt Stärke, während der Edle dies nicht tut. Rechtschaffenheit aufrechtzuerhalten, kann dennoch gefährlich sein. Ein Widder stößt gegen den Zaun und bleibt mit seinen Hörnern stecken.
Linie 4	貞吉,悔亡,藩決不羸,壯于大輿之輹。	Rechtschaffenheit aufrechtzuerhalten, bringt Glück und keine Reue. Der Zaun wird überwunden, stark wie die Achse eines großen Wagens.
Linie 5	喪羊于易,無悔。	Ein Schaf zu verlieren, weil man nachgiebig ist, ohne Bedauern.
Linie 6	羝羊觸藩,不能退,不能逐,無攸利,艱則吉。	Der Widder bleibt im Zaun stecken, unfähig zurückzuweichen oder voranzukommen; es bringt keinen Vorteil. Wenn man auf Schwierigkeiten trifft, wird es letztlich günstig sein.

KOMBINATIONSEINBLICKE

IM I GING 4.0

Qian (Subjekt) trifft auf Zhen (Objekt): Schwierig, selbstständig; bei Handlung ist größte Vorsicht geboten.

• Subjekt Mensch (Yang, fehlpositioniert, Holz) wird durch Objekt Mensch (Yin, fehlpositioniert, Metall) zerstört, was dazu führt, dass das Schicksal geschädigt wird.

• Subjekt Erde (Yang, richtig positioniert, Wasser) zerstört Objekt Erde (Yang, fehlpositioniert, Feuer), was dazu führt, dass das Materielle nicht unterstützt wird und leidet.

• Subjekt Himmel (Yang, richtig positioniert, Erde) harmoniert mit Objekt Himmel (Yin, richtig positioniert, Erde), was dazu führt, dass der Geist unversehrt bleibt..

35/ FEUER ÜBER ERDE

TRIGRAMM	ELEMENT DES TRIGRAMM	LINIEN	NATUR DES LINIE	NATUR DES POSITION	ELEMENT DER LINIE
Objekt	Feuer	Obj. Himmel	Yang	Yin	Erde
		Obj. Mensch	Yin	Yang	Metall
		Obj. Erde	Yang	Yin	Wasser
Subjekt	Erde	Sub. Himmel	Yin	Yang	Feuer
		Sub. Mensch	Yin	Yin	Erde
		Sub. Erde	Yin	Yang	Metall

WAHRSAGUNGEN VON KÖNIG WEN

IM I GING 2.0

URSPRÜNGLICHE WAHRSAGUNG	INTERPRETATION DER WAHRSAGUNG
晉:康侯,用锡馬蕃庶,畫日三接。	*Jìn* bedeutet das Timing, geehrt und willkommen geheißen zu werden, symbolisch verglichen mit dem Empfang vieler Pferde als Geschenke von einem mächtigen und angesehenen Edelmann oder mit der Gewährung dreier Audienzen an einem einzigen Tag.

LINIENBEZEICHNUNG VON ZHOU GONG

IM I GING 3.0

LINIEN DES HEXAGRAMMS	URSPRÜNGLICHE BEZEICHNUNG	INTERPRETATION DER BEZEICHNUNG
Linie 1	晉如,摧如,負吉,罔孚,裕,無咎。	Vorrücken, Zurückziehen, Festhalten an dem, was richtig ist, bringt Glück; ohne Vertrauen sei nachsichtig, und es gibt keinen Fehler.
Linie 2	晉如,愁如,負吉,受茲介福于其王母。	Mit Kummer vorrücken, Festhalten an dem, was richtig ist, bringt Glück, große Segnungen von der Königinmutter empfangen.
Linie 3	衆允,悔亡。	Wenn alle übereinstimmen, gibt es keinen Grund zur Reue.
Linie 4	晉如, 鼫鼠,貞厲。	Vorrücken wie eine Schlafmaus, selbst das Festhalten am Richtigen bringt Gefahr.
Linie 5	悔亡,失得勿恤,往吉,無不利。	Keine Reue, sorge dich nicht um Gewinn oder Verlust, Voranschreiten bringt Glück, und es gibt keinen Nachteil in irgendeiner Angelegenheit.
Linie 6	晉其角,維用伐邑,厲吉,無咎, 貞吝。	Vorrücken mit Hörnern, nur passend für einen Angriff auf ein Dorf; Gefahr wird zu Glück, kein Fehler, doch Beharrlichkeit bringt Reue.

KOMBINATIONSEINBLICKE

IM I GING 4.0

Kun (Subjekt) trifft auf Li (Objekt): Reibungsloser Fortschritt; gegenwärtiges Leid, aber zukünftiger Gewinn.

• Subjekt Mensch (Yin, richtig positioniert, Erde) erzeugt Objekt Mensch (Yin, fehlpositioniert, Metall), was dazu führt, dass das Schicksal zur Nutzung bereitsteht.

• Subjekt Erde (Yin, fehlpositioniert, Metall) erzeugt Objekt Erde (Yang, fehlpositioniert, Wasser), was dazu führt, dass das Materielle „zukünftiger Gewinn, gegenwärtiges Leid" ist.

• Subjekt Himmel (Yin, fehlpositioniert, Feuer) erzeugt Objekt Himmel (Yang, fehlpositioniert, Erde), was dazu führt, dass der

Geist „zukünftiger Gewinn, gegenwärtiges Leid" erfährt.

36/ ERDE ÜBER FEUER

TRIGRAMM	ELEMENT DES TRIGRAMM	LINIEN	NATUR DES LINIE	NATUR DES POSITION	ELEMENT DER LINIE
Objekt	Erde	Obj. Himmel	Yin	Yin	Feuer
		Obj. Mensch	Yin	Yang	Erde
		Obj. Erde	Yin	Yin	Metall
Subjekt	Feuer	Sub. Himmel	Yang	Yang	Erde
		Sub. Mensch	Yin	Yin	Metall
		Sub. Erde	Yang	Yang	Wasser

WAHRSAGUNGEN VON KÖNIG WEN

IM I GING 2.0

URSPRÜNGLICHE WAHRSAGUNG	INTERPRETATION DER WAHRSAGUNG
明夷:利艱貞。	*Míng Yí* bedeutet das Timing, wenn man Rechtschaffenheit aufrechterhalten und den richtigen Weg angesichts von Herausforderungen und Schwierigkeiten folgen muss, um Vorteile zu erlangen.

LINIENBEZEICHNUNG VON ZHOU GONG

IM I GING 3.0

LINIEN DES HEXAGRAMMS	URSPRÜNGLICHE BEZEICHNUNG	INTERPRETATION DER BEZEICHNUNG
Linie 1	于飛垂其翼,君子于行,三日不食,有攸往,主人有言。	Wollen zu fliegen, aber mit hängenden Flügeln, der Edle reist; drei Tage ohne Nahrung, mit einem Ziel vor Augen, hat der Gastgeber etwas zu sagen.
Linie 2	夷于左股,用拯馬狀,吉。	Schmerzen im linken Oberschenkel, ein starker Hengst zur Hilfe ist günstig.
Linie 3	于南狩,得其大首,不可疾,貞。	Im Süden marschieren, den Anführer ergreifen; sei nicht hastig, bleibe standhaft.
Linie 4	入于左腹,獲明夷之心,于出門庭。	In die linke Seite des Bauches eindringen, das Herz ist trüb, die Haustür verlassen.
Linie 5	箕子之明夷,利貞。	Die Zeit von Ji Zi ist trüb; Rechtschaffenheit aufrechtzuerhalten bringt Nutzen.
Linie 6	不明晦,初登于天,後入于地。	Sobald die dunkle Zeit vorüber ist, zuerst in den Himmel aufsteigen, dann zur Erde herabsteigen.

KOMBINATIONSEINBLICKE

IM I GING 4.0

Li (Subjekt) trifft auf Kun (Objekt): Ganz reibungslos, Unterstützung in vielen Aspekten empfangend.

• Subjekt Mensch (Yin, richtig positioniert, Metall) wird durch Objekt Mensch (Yin, fehlpositioniert, Erde) erzeugt, was dazu führt, dass das Schicksal im Vorteil ist.

• Subjekt Erde (Yang, richtig positioniert, Wasser) wird durch Objekt Erde (Yin, richtig positioniert, Metall) erzeugt, was dazu führt, dass das Materielle unterstützt wird.

• Subjekt Himmel (Yang, richtig positioniert, Erde) wird durch Objekt Himmel (Yin, richtig positioniert, Feuer) erzeugt, was dazu führt, dass der Geist unterstützt wird.

37/ WIND ÜBER FEUER

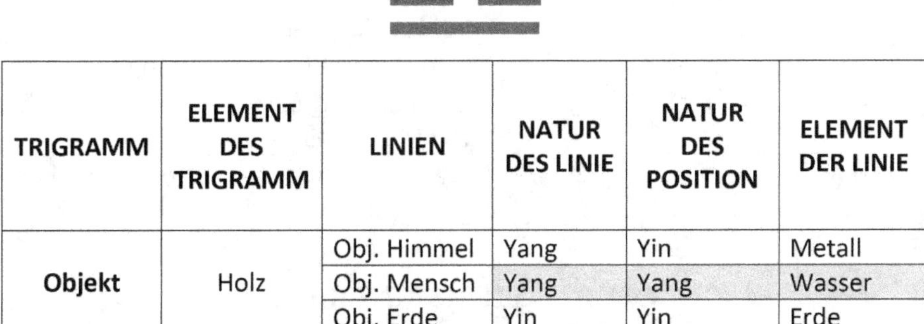

TRIGRAMM	ELEMENT DES TRIGRAMM	LINIEN	NATUR DES LINIE	NATUR DES POSITION	ELEMENT DER LINIE
Objekt	Holz	Obj. Himmel	Yang	Yin	Metall
		Obj. Mensch	Yang	Yang	Wasser
		Obj. Erde	Yin	Yin	Erde
Subjekt	Feuer	Sub. Himmel	Yang	Yang	Erde
		Sub. Mensch	Yin	Yin	Metall
		Sub. Erde	Yang	Yang	Wasser

WAHRSAGUNGEN VON KÖNIG WEN
IM I GING 2.0

URSPRÜNGLICHE WAHRSAGUNG	INTERPRETATION DER WAHRSAGUNG
家人:利女貞。	*Jiā Ré* bedeutet das Timing, Rechtschaffenheit aufrechtzuerhalten, entsprechend dem richtigen Weg zu handeln und in strenger Weise aufrecht zu sein, so wie eine Frau ihre Tugend bewahrt, was Vorteile bringen wird.

LINIENBEZEICHNUNG VON ZHOU GONG
IM I GING 3.0

LINIEN DES HEXAGRAMMS	URSPRÜNGLICHE BEZEICHNUNG	INTERPRETATION DER BEZEICHNUNG
Linie 1	閑有家,悔亡。	Die Heimat friedlich halten, ohne Reue.
Linie 2	無攸遂,在中饋,貞吉。	Nicht verfolgen, zu Hause bleiben und Mahlzeiten zubereiten; das Festhalten am Richtigen wird Glück bringen.
Linie 3	家人嗃嗃,晦,厲,吉,婦子嘻嘻,終吝。	Die Familie beklagt sich, fühlt Reue, ist unruhig, aber letztendlich glücklich; die Frau und die Kinder lachen, aber am Ende wird es Gefahr geben.
Linie 4	富家,大吉。	Eine reiche Familie, sehr günstig.
Linie 5	王假有家,勿恤,吉。	Wenn der König dein Haus besucht, sorge dich nicht; es wird günstig sein.
Linie 6	有孚威如,終吉。	Mit aufrichtigem und würdigem Vorhaben wird es letztendlich günstig sein.

KOMBINATIONSEINBLICKE

IM I GING 4.0

Li (Subjekt) trifft auf Sun (Objekt): Reibungsloser Fortschritt, Verlust und Gewinn koexistieren.

• Subjekt Mensch (Yin, richtig positioniert, Metall) erzeugt das Objekt Mensch (Yang, richtig positioniert, Wasser), was dazu führt, dass das Schicksal zur Nutzung bereitsteht.

• Subjekt Erde (Yang, richtig positioniert, Wasser) wird durch Objekt Erde (Yin, richtig positioniert, Erde) zerstört, was dazu führt, dass das Materielle geschädigt wird.

• Subjekt Himmel (Yang, richtig positioniert, Erde) erzeugt Objekt Himmel (Yang, fehlpositioniert, Metall), was dazu führt, dass der Geist „zukünftiger Gewinn, gegenwärtiges Leid" erfährt.

38/ FEUER ÜBER SEE

TRIGRAMM	ELEMENT DES TRIGRAMM	LINIEN	NATUR DES LINIE	NATUR DES POSITION	ELEMENT DER LINIE
Objekt	Feuer	Obj. Himmel	Yang	Yin	Erde
		Obj. Mensch	Yin	Yang	Metall
		Obj. Erde	Yang	Yin	Wasser
Subjekt	Metall	Sub. Himmel	Yin	Yang	Holz
		Sub. Mensch	Yang	Yin	Feuer
		Sub. Erde	Yang	Yang	Erde

WAHRSAGUNGEN VON KÖNIG WEN

IM I GING 2.0

URSPRÜNGLICHE WAHRSAGUNG	INTERPRETATION DER WAHRSAGUNG
睽: 小事吉。	*Kuí* bedeutet das Timing, bei dem kleine, stetige Schritte zu guten Ergebnissen führen, während der Versuch, große Aufgaben anzugehen, oft zu Schwierigkeiten führt.

LINIENBEZEICHNUNG VON ZHOU GONG

IM I GING 3.0

LINIEN DES HEXAGRAMMS	URSPRÜNGLICHE BEZEICHNUNG	INTERPRETATION DER BEZEICHNUNG
Linie 1	悔亡,喪馬,勿逐,自復,見惡人,無咎。	Keine Reue mehr; ein Pferd verlieren, nicht hinterherjagen; es wird von selbst zurückkommen. Einen bösen Menschen begegnen, kein Fehler.
Linie 2	遇主于巷,無咎。	Dem Herren in der Gasse begegnen, kein Fehler.
Linie 3	見輿曳,其牛掣,其人天且劓,無初有終。	Den Wagen zurückziehen sehen, den Ochsen zurückhalten, der Mann aus dem Himmel wird verstümmelt; der Anfang ist nicht gut, aber das Ende hat einen guten Schluss.
Linie 4	睽孤,遇元夫,交孚,厲,無咎。	Allein sein, einen guten Mann treffen, einander vertrauen, es gibt Gefahr, kein Fehler.
Linie 5	悔亡,決宗噬膚,何咎。	Keine Reue; wenn jemand in sein eigenes Fleisch beißt, lass uns gehen, was für ein Fehler ist das?
Linie 6	睽孤,見負塗,載鬼一車,先張之弧,豕后說之弧,匪寇,婚媾, 往遇雨則吉。	Einsam und isoliert, einen mit Schlamm beladenen Schwein sehen, einen Wagen, der Geister transportiert, den Bogen vorne spannen und hinten senken, kein Bandit, die Familie der Braut; hinauszugehen, um den Regen zu treffen, wird sicherlich günstig sein.

KOMBINATIONSEINBLICKE

IM I GING 4.0

Duì (Subjekt) trifft auf Lí (Objekt): Sehr schwierig, selbstständig, Leiden; bei Handlung äußerst vorsichtig sein.

• Subjekt Mensch (Yang, fehlpositioniert, Feuer) zerstört Objekt Mensch (Yin, fehlpositioniert, Metall), was dazu führt, dass das Schicksal nicht unterstützt wird und Leid entsteht.

• Subjekt Erde (Yang, richtig positioniert, Erde) zerstört Objekt Erde (Yang, fehlpositioniert, Wasser), was dazu führt, dass das

Materielle nicht unterstützt wird und Leid entsteht.

• Subjekt Himmel (Yin, fehlpositioniert, Holz) zerstört Objekt Himmel (Yang, fehlpositioniert, Erde), was dazu führt, dass der Geist nicht unterstützt wird und Leid erfährt..

39/ WASSER ÜBER BERG

TRIGRAMM	ELEMENT DES TRIGRAMM	LINIEN	NATUR DES LINIE	NATUR DES POSITION	ELEMENT DER LINIE
Objekt	Wasser	Obj. Himmel	Yin	Yin	Feuer
		Obj. Mensch	Yang	Yang	Erde
		Obj. Erde	Yin	Yin	Holz
Subjekt	Erde	Sub. Himmel	Yang	Yang	Metall
		Sub. Mensch	Yin	Yin	Feuer
		Sub. Erde	Yin	Yang	Erde

WAHRSAGUNGEN VON KÖNIG WEN

IM I GING 2.0

URSPRÜNGLICHE WAHRSAGUNG	INTERPRETATION DER WAHRSAGUNG
蹇:利西南,不利東北,利見大人,貞吉。	*Jiǎn* Jiǎn bedeutet das Timing, wenn man von Aktivitäten in Richtung Südwesten profitieren kann, während die Richtung Nordosten nicht vorteilhaft ist. Dies impliziert, dass man sich nicht zu sehr verzetteln, sondern sich vielmehr auf eine Hauptrichtung konzentrieren sollte, um Vorteile zu ernten. In Beziehungen ist es klug, diejenigen in Positionen von Macht und Autorität aufzusuchen, da dies vorteilhaft sein wird; Integrität zu wahren wird zu Glück führen.

LINIENBEZEICHNUNG VON ZHOU GONG

IM I GING 3.0

LINIEN DES HEXAGRAMMS	URSPRÜNGLICHE BEZEICHNUNG	INTERPRETATION DER BEZEICHNUNG
Linie 1	往蹇,來譽。	Es ist schwierig zu gehen, aber das Ankommen bringt Lob.
Linie 2	王臣蹇蹇,匪躬之故。	Der König und die Untertanen stehen vor Schwierigkeiten, nicht aufgrund ihrer eigenen Taten.
Linie 3	往蹇來反。	Es ist schwierig zu gehen, das Kommen bedeutet, zurückzukehren.
Linie 4	往蹇來連。	Es ist schwierig zu gehen, aber das Ankommen ist unmittelbar.
Linie 5	大蹇朋來。	Große Schwierigkeiten, dennoch kommen Freunde.
Linie 6	往蹇來碩,吉,利見大人。	Es ist schwierig zu gehen, aber das Ankommen bringt Größe und Glück. Es ist vorteilhaft, eine große Person zu treffen.

KOMBINATIONSEINBLICKE

IM I GING 4.0

Gen (Subjekt) trifft auf Kan (Objekt): Schwierig, leidend.

• Subjekt Mensch (Yin, richtig positioniert, Feuer) erzeugt Objekt Mensch (Yang, richtig positioniert, Erde), was dazu führt, dass das Schicksal zur Nutzung bereitsteht.

• Subjekt Erde (Yin, fehlpositioniert, Erde) wird durch Objekt Erde (Yin, richtig positioniert, Holz) zerstört, was dazu führt, dass das Materielle geschädigt wird.

• Subjekt Himmel (Yang, richtig positioniert, Metall) wird durch Objekt Himmel (Yin, richtig positioniert, Feuer) zerstört, was dazu führt, dass der Geist geschädigt wird.

40/ DONNER ÜBER WASSER

TRIGRAM	TRIGRAM'S ELEMENT	LINES	LINE NATURE	POSITION NATURE	LINE'S ELEMENT
Objekt	Holz	Obj. Himmel	Yin	Yin	Erde
		Obj. Mensch	Yin	Yang	Metall
		Obj. Erde	Yang	Yin	Feuer
Subjekt	Wasser	Sub. Himmel	Yin	Yang	Feuer
		Sub. Mensch	Yang	Yin	Erde
		Sub. Erde	Yin	Yang	Holz

WAHRSAGUNGEN VON KÖNIG WEN

IM I GING 2.0

URSPRÜNGLICHE WAHRSAGUNG	INTERPRETATION DER WAHRSAGUNG
解:利西南,無所往,其來復,吉,有攸往,夙吉。	*Jiě* bedeutet das Timing, vorteilhaft in Richtung Südwesten zu sein. Sobald die Aufgabe abgeschlossen ist, gibt es keinen Grund zur weiteren Sorge. Wenn es kommt, wird es zurückkehren und Glück bringen. Wenn etwas geschieht, ist es besser, sich im Voraus vorzubereiten.

LINIENBEZEICHNUNG VON ZHOU GONG

IM I GING 3.0

LINIEN DES HEXAGRAMMS	URSPRÜNGLICHE BEZEICHNUNG	INTERPRETATION DER BEZEICHNUNG
Linie 1	無咎。	Kein Fehler.
Linie 2	田攫三狐,得黃矢,貞吉。	Drei Füchse jagen und einen goldenen Pfeil erhalten, Integrität bewahren bringt Glück.
Linie 3	負且乘,致寇至,貞吝。	Waren auf den Wagen laden zieht Diebe an; diese Vorgehensweise aufrechtzuerhalten ist gefährlich.
Linie 4	解而拇, 朋至斯孚。	Den Daumen lösen, ein Freund wird kommen und Vertrauen schenken.
Linie 5	君子維有解,吉,有孚于小人。	Der Gentleman hat Lösungen, was Glück und Vertrauen vom kleinen Mann bringt.
Linie 6	公用射隼于高墉之上,獲之, 無不利。	Der Beamte schießt einen Falken von der Spitze einer hohen Mauer; wenn er erfolgreich ist, wird es keinen Nachteil geben.

KOMBINATIONSEINBLICKE

IM I GING 4.0

Kan (Subjekt) trifft auf Zhen (Objekt): Reibungslos, aber leidend.

• Subjekt Mensch (Yang, fehlpositioniert, Erde) erzeugt Objekt Mensch (Yin, fehlpositioniert, Metall), was dazu führt, dass das Schicksal zur Nutzung bereitsteht.

• Subjekt Erde (Yin, fehlpositioniert, Holz) wird durch Objekt Erde (Yang, fehlpositioniert, Feuer) zerstört, was dazu führt, dass das Materielle geschädigt wird.

• Subjekt Himmel (Yin, fehlpositioniert, Feuer) erzeugt Objekt Himmel (Yin, richtig positioniert, Erde), was dazu führt, dass der Geist „zukünftiger Gewinn, gegenwärtiges Leid" erfährt.

41/ BERG ÜBER SEE

TRIGRAMM	ELEMENT DES TRIGRAMM	LINIEN	NATUR DES LINIE	NATUR DES POSITION	ELEMENT DER LINIE
Objekt	Erde	Obj. Himmel	Yang	Yin	Metall
		Obj. Mensch	Yin	Yang	Feuer
		Obj. Erde	Yin	Yin	Erde
Subjekt	Metall	Sub. Himmel	Yin	Yang	Holz
		Sub. Mensch	Yang	Yin	Feuer
		Sub. Erde	Yang	Yang	Erde

WAHRSAGUNGEN VON KÖNIG WEN

IM I GING 2.0

URSPRÜNGLICHE WAHRSAGUNG	INTERPRETATION DER WAHRSAGUNG
損:有孚,元吉,無咎,可貞,利有攸往。	*Sǔn* bedeutet das Timing des Glaubens; es ist gut und ohne Fehler, Integrität zu bewahren und von der Ausführung von Arbeit zu profitieren.

LINIENBEZEICHNUNG VON ZHOU GONG

IM I GING 3.0

LINIEN DES HEXAGRAMMS	URSPRÜNGLICHE BEZEICHNUNG	INTERPRETATION DER BEZEICHNUNG
Linie 1	已事,遄往,無咎,酌損之。	Die Aufgabe abgeschlossen, schnell voranschreiten; es gibt keinen Fehler, passe nach Bedarf an, indem du reduzierst.
Linie 2	利貞,征凶,弗損益之。	Integrität zu wahren bringt Vorteile; bei Handlung kann es zu Unglück kommen, aber verringere nicht, sondern füge hinzu.
Linie 3	三人行則損一人,一人作則得其友。	Wenn drei Personen zusammen reisen, wird eine verloren gehen; wenn man allein reist, wird man einen Freund gewinnen.
Linie 4	損其疾,使遄有喜,元吉,無咎。	Reduziere deine Leiden, und bald wird es gute Nachrichten geben; es ist günstig und ohne Fehler.
Linie 5	或益之十朋之龜,弗克違,元吉。	Es kann nicht abgelehnt werden, mit der Schildkröte der zehn Freunde hinzuzufügen; es ist günstig.
Linie 6	弗損,益之無咎,貞吉,利有攸往,得臣無家。	Verringere nicht; Hinzufügen bringt keinen Fehler. Integrität zu wahren ist günstig, bringt Vorteile durch Bewegung und gewinnt einen Diener ohne Zuhause.

KOMBINATIONSEINBLICKE

IM I GING 4.0

Dui (Subjekt) trifft auf Gen (Objekt): Reibungslos, selbstständig, leidend.

• Subjekt Mensch (Yang, fehlpositioniert, Feuer) interagiert mit Objekt Mensch (Yin, fehlpositioniert, Feuer), was dazu führt, dass das Schicksal intakt bleibt.

• Subjekt Erde (Yang, richtig positioniert, Erde) interagiert mit Objekt Erde (Yin, richtig positioniert, Erde), was dazu führt, dass das Materielle intakt bleibt.

• Subjekt Himmel (Yin, fehlpositioniert, Holz) wird durch Objekt

Himmel (Yang, fehlpositioniert, Metall) zerstört, was dazu führt, dass der Geist geschädigt wird.

42/ WIND ÜBER DONNER

TRIGRAMM	ELEMENT DES TRIGRAMM	LINIEN	NATUR DES LINIE	NATUR DES POSITION	ELEMENT DER LINIE
Objekt	Holz	Obj. Himmel	Yang	Yin	Metall
		Obj. Mensch	Yang	Yang	Wasser
		Obj. Erde	Yin	Yin	Erde
Subjekt	Holz	Sub. Himmel	Yin	Yang	Erde
		Sub. Mensch	Yin	Yin	Metall
		Sub. Erde	Yang	Yang	Feuer

WAHRSAGUNGEN VON KÖNIG WEN
IM I GING 2.0

URSPRÜNGLICHE WAHRSAGUNG	INTERPRETATION DER WAHRSAGUNG
益:利有攸往,利涉大川。	*Yi* bedeutet das Timing, das vorteilhaft ist, wenn man Arbeit ausführt und umsetzt, insbesondere bei bedeutenden Aufgaben, wie dem Überqueren eines großen Flusses.

LINIENBEZEICHNUNG VON ZHOU GONG
IM I GING 3.0

LINIEN DES HEXAGRAMMS	URSPRÜNGLICHE BEZEICHNUNG	INTERPRETATION DER BEZEICHNUNG
Linie 1	利用為大作,元吉,無咎。	Es für große Unternehmungen zu nutzen, bringt Glück und ist ohne Fehler.
Linie 2	或益之十朋之龜,弗克違永貞,吉,王用亨于帝,吉。	Es kann nicht abgelehnt werden, mit der Schildkröte der zehn Freunde hinzuzufügen; Integrität für immer zu bewahren ist günstig. Der König nutzt es, um unter dem Kaiser zu gedeihen, was gut ist.
Linie 3	益之,用凶事,無咎,有孚,中行告公用圭。	Hinzufügen und es in Zeiten des Unglücks zu nutzen, bringt keinen Fehler; aufrichtig zu sein und den Mittelweg einzuhalten, wird angekündigt, um das Jade für öffentliche Angelegenheiten zu verwenden.
Linie 4	中行,告公從,利用為依遷國。	Den Mittelweg einzuhalten, öffentlich anzukündigen und zu folgen, diese Methode als Grundlage für die Verlagerung der Nation zu nutzen, ist ebenfalls akzeptabel.
Linie 5	有孚,惠心,勿問,元吉,有孚,惠我德。	Aufrichtigkeit und Mitgefühl, bitte frage nicht; es ist günstig. Mit Vertrauen gewähre mir deine Tugend.
Linie 6	莫益之,或擊之,立新勿恆,凶。	Füge nichts hinzu; andernfalls könntest du angegriffen werden. Etabliere etwas Neues, aber sei nicht konstant; es ist unheilvoll.

KOMBINATIONSEINBLICKE

IM I GING 4.0

Zhen (Subjekt) trifft auf Sun (Objekt): Möglicherweise reibungslos, Gewinn und Verlust koexistieren.

• Subjekt Mensch (Yin, richtig positioniert, Metall) erzeugt Objekt Mensch (Yang, richtig positioniert, Wasser), was dazu führt, dass das Schicksal genutzt wird.

• Subjekt Erde (Yang, richtig positioniert, Feuer) erzeugt Objekt

Erde (Yin, richtig positioniert, Erde), was dazu führt, dass das Materielle „zukünftigen Gewinn, gegenwärtiges Leiden" ist.

• Subjekt Himmel (Yin, fehlpositioniert, Erde) erzeugt Objekt Himmel (Yang, fehlpositioniert, Metall), was dazu führt, dass der Geist „zukünftigen Gewinn, gegenwärtiges Leiden" hat.

43/ SEE ÜBER HIMMEL

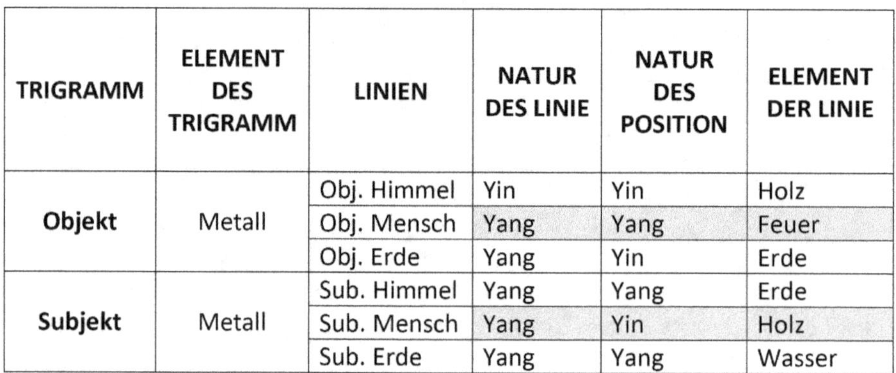

TRIGRAMM	ELEMENT DES TRIGRAMM	LINIEN	NATUR DES LINIE	NATUR DES POSITION	ELEMENT DER LINIE
Objekt	Metall	Obj. Himmel	Yin	Yin	Holz
		Obj. Mensch	Yang	Yang	Feuer
		Obj. Erde	Yang	Yin	Erde
Subjekt	Metall	Sub. Himmel	Yang	Yang	Erde
		Sub. Mensch	Yang	Yin	Holz
		Sub. Erde	Yang	Yang	Wasser

WAHRSAGUNGEN VON KÖNIG WEN

IM I GING 2.0

URSPRÜNGLICHE WAHRSAGUNG	INTERPRETATION DER WAHRSAGUNG
夬:揚于王庭,孚號有厲,告自邑,不利即戎,利有攸往。	*Guà* bedeutet den Zeitpunkt, der mit wichtigen Angelegenheiten verbunden ist. Wenn es um Angelegenheiten des königlichen Hofes geht, gibt es Nachrichten von Gefahr aus der Ferne, wie aus dem Dorf. Es gibt jedoch nichts, was getan werden kann; wenn man geht, ist es nur vorteilhaft für das Essen, aber die Probleme zu lösen, ist schwierig.

LINIENBEZEICHNUNG VON ZHOU GONG

IM I GING 3.0

LINIEN DES HEXAGRAMMS	URSPRÜNGLICHE BEZEICHNUNG	INTERPRETATION DER BEZEICHNUNG
Linie 1	壯于前趾,往不勝,為咎。	Stark an der Vorderzehe, vorwärts gehen, aber nicht überwinden, führt zu einem Fehler.
Linie 2	惕號,莫夜有戎,勿恤。	Die Alarmglocken läuten; selbst wenn es nachts Feinde gibt, fürchte dich nicht.
Linie 3	壯于頄,有凶,君子夬夬,獨行遇雨,若濡,有溫,無咎。	Stark an der Oberfläche, es gibt ein böses Omen. Der Gentleman ist entschlossen; allein im Regen gehen, der Weg ist nass. Wenn man wütend und beleidigt ist, gibt es keinen Fehler.
Linie 4	臀無膚,其行次且,牽羊,悔亡,聞言不信。	Ohne Fleisch an den Gesäßmuskeln, sich langsam bewegen, eine Ziege führen, das Bedauern ist vergangen, aber auf Worte hört man nicht.
Linie 5	莧陸夬夬,中行無咎。	Das Gras wächst kahl; dem Mittelweg zu folgen, bringt keinen Fehler.
Linie 6	無號,終有凶。	Es wird kein Alarm ausgelöst; am Ende wird es Unglück geben.

KOMBINATIONSEINBLICKE

IM I GING 4.0

Qian (Subjekt) trifft Dui (Objekt): Möglicherweise glatt, leidend; Vorsicht ist erforderlich, wenn Maßnahmen ergriffen werden.

• Subjekt Mensch (Yang, falsch positioniert, Holz) wird durch Objekt Mensch (Yang, richtig positioniert, Feuer) zerstört, was zu einem Schaden im Schicksal führt.

• Subjekt Erde (Yang, richtig positioniert, Wasser) wird durch Objekt Erde (Yang, falsch positioniert, Erde) zerstört, was zu einem materiellen Schaden führt, aber der Schaden würde verringert, wenn eine Gegenmaßnahme ergriffen wird.

• Subjekt Himmel (Yang, richtig positioniert, Erde) wird durch

Objekt Himmel (Yin, richtig positioniert, Holz) zerstört, was zu einem spirituellen Schaden führt.

44/ HIMMEL ÜBER WIND

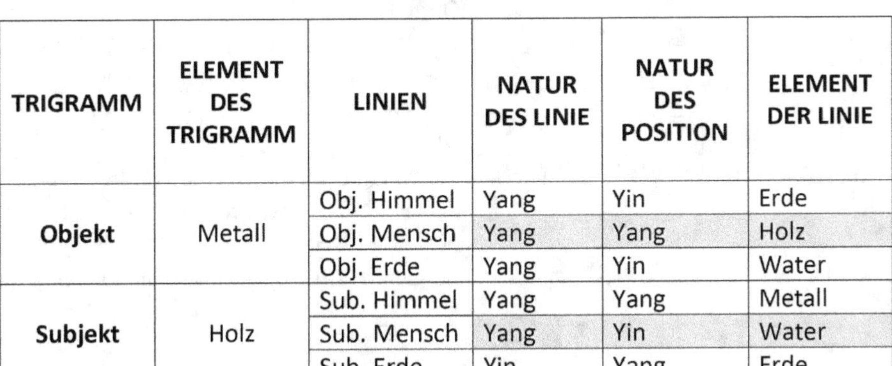

TRIGRAMM	ELEMENT DES TRIGRAMM	LINIEN	NATUR DES LINIE	NATUR DES POSITION	ELEMENT DER LINIE
Objekt	Metall	Obj. Himmel	Yang	Yin	Erde
		Obj. Mensch	Yang	Yang	Holz
		Obj. Erde	Yang	Yin	Water
Subjekt	Holz	Sub. Himmel	Yang	Yang	Metall
		Sub. Mensch	Yang	Yin	Water
		Sub. Erde	Yin	Yang	Erde

WAHRSAGUNGEN VON KÖNIG WEN
IM I GING 2.0

URSPRÜNGLICHE WAHRSAGUNG	INTERPRETATION DER WAHRSAGUNG
姤:女壯,勿用取女。	*Gòu* bedeutet den Zeitpunkt, der immer noch instabil und unausgewogen ist, und sollte vermieden werden; zum Beispiel, wenn man übermäßiges Yin begegnet, ist es am besten, es nicht anzunehmen, um die Schwächung von Yang zu verhindern.

LINIENBEZEICHNUNG VON ZHOU GONG
IM I GING 3.0

LINIEN DES HEXAGRAMMS	URSPRÜNGLICHE BEZEICHNUNG	INTERPRETATION DER BEZEICHNUNG
Linie 1	系于金柅,貞吉,有攸往,見凶,贏豕孚蹢躅。	An einen Metallpflock gebunden, bringt die Wahrung der Integrität Vorteile; wenn jemand geht, begegnet er Unglück, während das mageren Schwein herumspringt.
Linie 2	包有魚,無咎,不利賓。	Eingewickelt mit Fisch, gibt es keinen Fehler, aber es ist nicht vorteilhaft für die Gäste.
Linie 3	臀無膚,其行次且,厲,無大咎。	Ohne Fleisch auf den Pobacken, sich vorsichtig bewegend, ist es gefährlich, aber es gibt keinen großen Fehler.
Linie 4	包無魚,起凶。	Eingewickelt ohne Fisch, entsteht Unglück.
Linie 5	以杞包瓜,含章,有隕自天。	Die Maulbeerbaum zu verwenden, um den Speer zu umwickeln, enthält Eleganz, er fällt vom Himmel.
Linie 6	姤其角,吝,無咎。	Bei einem Zusammenstoß mit Hörnern gibt es Bedauern, aber keinen Fehler.

KOMBINATIONSEINBLICKE

IM I GING 4.0

Sun (Subjekt) trifft auf Qian (Objekt): Sehr schwierig, Gewinn und Verlust existieren nebeneinander.

• Subjekt Mensch (Yang, falsch positioniert, Wasser) erzeugt Objekt Mensch (Yang, richtig positioniert, Holz), was dazu führt, dass das Schicksal genutzt wird.

• Subjekt Erde (Yang, richtig positioniert, Erde) zerstört Objekt Erde (Yang, falsch positioniert, Wasser), was dazu führt, dass das Material nicht unterstützt wird und leidet.

• Subjekt Himmel (Yang, richtig positioniert, Metall) wird durch Objekt Himmel (Yin, richtig positioniert, Erde) erzeugt, was dazu führt, dass der Geist unterstützt wird.

45/ SEE ÜBER ERDE

TRIGRAMM	ELEMENT DES TRIGRAMM	LINIEN	NATUR DES LINIE	NATUR DES POSITION	ELEMENT DER LINIE
Objekt	Metall	Obj. Himmel	Yin	Yin	Holz
		Obj. Mensch	Yang	Yang	Feuer
		Obj. Erde	Yang	Yin	Erde
Subjekt	Erde	Sub. Himmel	Yin	Yang	Feuer
		Sub. Mensch	Yin	Yin	Erde
		Sub. Erde	Yin	Yang	Metall

WAHRSAGUNGEN VON KÖNIG WEN

IM I GING 2.0

URSPRÜNGLICHE WAHRSAGUNG	INTERPRETATION DER WAHRSAGUNG
萃:亨,王辯有廟。利見大人,亨,利貞,用大牲,吉,利有攸往。	*Cuì* weist auf den Zeitpunkt hin, an dem bedeutende Angelegenheiten sorgfältige Vorbereitung und durchdachtes Verhalten erfordern. Wenn beispielsweise ein König ankommt und es einen Tempel gibt, ist das günstig; ein Treffen mit einer einflussreichen Person ist vorteilhaft; Integrität zu wahren bringt Nutzen; die Verwendung eines großen zeremoniellen Opfers als Geschenk bringt Glück, und das Voranschreiten ist vorteilhaft.

LINIENBEZEICHNUNG VON ZHOU GONG

IM I GING 3.0

LINIEN DES HEXAGRAMMS	URSPRÜNGLICHE BEZEICHNUNG	INTERPRETATION DER BEZEICHNUNG
Linie 1	有孚,不終,乃亂,乃萃,若號, 一惡為笑,勿恤,往無咎。	Mit Vertrauen schließt es nicht ab, was zu Chaos und Versammlungen führt; Schreien - eine Handvoll ist Lachen. Mach dir keine Sorgen; Vorwärtsgehen bringt keinen Fehler.
Linie 2	引吉,無咎,孚乃利,用禴。	Es führt zu gutem Glück, es gibt keinen Fehler; Vertrauen bringt Nutzen; benutze ein kleines Angebot für das Opfer.
Linie 3	萃如,嗟如,無攸利,往無咎,小吝。	Versammlung, Seufzen, es gibt keinen Nutzen; Vorwärtsgehen bringt keinen Fehler, aber es gibt einen kleinen Bedauern.
Linie 4	大吉,無咎。	Großes Glück, kein Fehler.
Linie 5	萃有位,無咎,匪孚,元永貞,悔亡。	Es gibt einen Versammlungsort, keinen Fehler; mangelndes Vertrauen, Integrität wahren wie zu Beginn, ohne Bedauern.
Linie 6	齎咨,涕夷,無咎。	Seufzen und Weinen, es gibt keinen Fehler.

KOMBINATIONSEINBLICKE

IM I GING 4.0

Kun (Subjekt) trifft Dui (Objekt): Möglicherweise glatt, Gewinn und Verlust bestehen gleichzeitig, aber der Gewinn überwiegt den Verlust.

• Subjekt Mensch (Yin, richtig positioniert, Erde) wird durch Objekt Mensch (Yang, richtig positioniert, Feuer) erzeugt, was zu einem Gewinn im Schicksal führt.

• Subjekt Erde (Yin, falsch positioniert, Metall) wird durch Objekt Erde (Yang, falsch positioniert, Erde) erzeugt, was zu einer Unterstützung des Materials führt.

• Subjekt Himmel (Yin, falsch positioniert, Feuer) zerstört Objekt Himmel (Yin, richtig positioniert, Holz), was dazu führt, dass der Geist ungestützt bleibt und leidet.

46/ ERDE ÜBER WIND

TRIGRAMM	ELEMENT DES TRIGRAMM	LINIEN	NATUR DES LINIE	NATUR DES POSITION	ELEMENT DER LINIE
Objekt	Metall	Obj. Himmel	Yin	Yin	Feuer
		Obj. Mensch	Yin	Yang	Erde
		Obj. Erde	Yin	Yin	Metall
Subjekt	Holz	Sub. Himmel	Yang	Yang	Metall
		Sub. Mensch	Yang	Yin	Wasser
		Sub. Erde	Yin	Yang	Erde

WAHRSAGUNGEN VON KÖNIG WEN

IM I GING 2.0

URSPRÜNGLICHE WAHRSAGUNG	INTERPRETATION DER WAHRSAGUNG
升:元亨,用見大人,勿恤,南征吉。	*Shēng* bedeutet den Zeitpunkt, an dem man hochrangige Personen trifft und von ihnen profitiert, die Glaubwürdigkeit und Macht besitzen, was zu einem reibungslosen Fortschritt ohne Sorgen führt. Nach Süden zu gehen, ist günstig.

LINIENBEZEICHNUNG VON ZHOU GONG

IM I GING 3.0

LINIEN DES HEXAGRAMMS	URSPRÜNGLICHE BEZEICHNUNG	INTERPRETATION DER BEZEICHNUNG
Linie 1	允升,大吉。	Zuverlässiger Fortschritt führt zu großer Glückseligkeit.
Linie 2	孚乃利,用禴,無咎。	Ehrlichkeit bringt Nutzen; kleine Opfergaben sind ohne Fehler.
Linie 3	升虛邑。	Gehe vorwärts zu dem unbewohnten Ort.
Linie 4	王用亨于岐山,吉,無咎。	Der König nutzt den glatten Weg am Berg Qi; es ist günstig und ohne Fehler.
Linie 5	貞吉,升階。	Integrität zu bewahren führt zu Glück und Beförderung.
Linie 6	冥升,利于不息之貞。	Im Dunkeln aufsteigen, es ist vorteilhaft, die Integrität ohne Rast aufrechtzuerhalten.

KOMBINATIONSEINBLICKE

IM I GING 4.0

Zhen (Subjekt) trifft auf Kun (Objekt): Sehr schwierig, leidvoll; große Vorsicht ist erforderlich, wenn Maßnahmen ergriffen werden.

• Subjekt Mensch (Yang, falsch positioniert, Wasser) wird durch Objekt Mensch (Yin, falsch positioniert, Erde) zerstört, was zu einem Schaden des Schicksals führt.

• Subjekt Erde (Yin, falsch positioniert, Erde) erzeugt Objekt Erde (Yin, richtig positioniert, Metall), was zu Materialien führt, die "zukünftigen Gewinn, gegenwärtiges Leiden" bringen.

• Subjekt Himmel (Yang, richtig positioniert, Metall) wird durch Objekt Himmel (Yin, richtig positioniert, Feuer) zerstört, was zu einem Schaden des Geistes führt..

47/ SEE ÜBER WASSER

TRIGRAMM	ELEMENT DES TRIGRAMM	LINIEN	NATUR DES LINIE	NATUR DES POSITION	ELEMENT DER LINIE
Objekt	Metall	Obj. Himmel	Yin	Yin	Holz
		Obj. Mensch	Yang	Yang	Feuer
		Obj. Erde	Yang	Yin	Erde
Subjekt	Wasser	Sub. Himmel	Yin	Yang	Feuer
		Sub. Mensch	Yang	Yin	Erde
		Sub. Erde	Yin	Yang	Holz

WAHRSAGUNGEN VON KÖNIG WEN
IM I GING 2.0

URSPRÜNGLICHE WAHRSAGUNG	INTERPRETATION DER WAHRSAGUNG
困:亨貞,大人吉,無咎,有言不信。	*Kùn* bedeutet den Zeitpunkt, an dem Gerechtigkeit gewahrt wird; als hochrangige Person zu handeln, führt zu einem reibungslosen Ablauf und Glück, ohne Fehler zu machen. Allerdings könnte in dieser Zeit das Gesagte möglicherweise nicht geglaubt werden, weshalb man sich selbst kennen sollte.

LINIENBEZEICHNUNG VON ZHOU GONG
IM I GING 3.0

LINIEN DES HEXAGRAMMS	URSPRÜNGLICHE BEZEICHNUNG	INTERPRETATION DER BEZEICHNUNG
Linie 1	臀困于株木,入于幽谷,三歲不覿。	Die Hinterteile stecken am Baumstumpf, der Eintritt in ein dunkles Tal; drei Jahre ohne Sicht.
Linie 2	困于酒食,朱绂方來,利用亨祀,征凶,無咎。	In Not wegen Essen und Trinken, das rote Banner kommt; es ist vorteilhaft, es für Opfer zu verwenden. Integrität zu wahren führt zu Unglück, aber es gibt keine Schuld.
Linie 3	困于石,據于蒺藜,入于其宮,不見其妻,凶。	In Not wegen Steinen, sich an den Dornbusch lehnend, das eigene Zuhause betreten, aber die Frau nicht sehen; das ist unglücklich.
Linie 4	來徐徐,困于金車,吝,有終。	Allmählich kommend, in Not wegen der goldenen Kutsche, das Gefühl der Reue, aber es wird ein günstiger Ausgang sein.
Linie 5	劓刖,困于赤敝,乃徐有説,利用祭祀。	Die Nase abgeschnitten und die Füße abgetrennt, in Not wegen der roten Flagge, später allmählich erklärt, Opfer verwendend.
Linie 6	困于葛藟,于跪脆脆,日動悔,有悔,征吉。	In Not wegen der Kuzu-Rebe, kniend und hinkend, fragend, ob es Reue gibt; es gibt Reue, aber den rechten Weg einzuhalten bringt Glück.

KOMBINATIONSEINBLICKE

IM I GING 4.0

Kan (Subjekt) trifft Dui (Objekt): Reibungslos, Gewinn und Verlust koexistieren.

• Subjekt Mensch (Yang, falsch positioniert, Erde) wird durch Objekt Mensch (Yang, richtig positioniert, Feuer) erzeugt, was zu einem Gewinn im Schicksal führt.

• Subjekt Erde (Yin, falsch positioniert, Holz) zerstört Objekt Erde (Yang, falsch positioniert, Erde), was dazu führt, dass das Materielle nicht unterstützt wird und leidet.

• Subjekt Himmel (Yin, falsch positioniert, Feuer) wird durch Objekt Himmel (Yin, falsch positioniert, Holz) erzeugt, was dazu führt, dass der Geist unterstützt wird.

48/ WASSER ÜBER WIND

TRIGRAMM	ELEMENT DES TRIGRAMM	LINIEN	NATUR DES LINIE	NATUR DES POSITION	ELEMENT DER LINIE
Objekt	Wasser	Obj. Himmel	Yin	Yin	Feuer
		Obj. Mensch	Yang	Yang	Erde
		Obj. Erde	Yin	Yin	Holz
Subjekt	Holz	Sub. Himmel	Yang	Yang	Metall
		Sub. Mensch	Yang	Yin	Wasser
		Sub. Erde	Yin	Yang	Erde

WAHRSAGUNGEN VON KÖNIG WEN

IM I GING 2.0

URSPRÜNGLICHE WAHRSAGUNG	INTERPRETATION DER WAHRSAGUNG
井:改邑不改井,無喪無得,往來井井,汔至亦未矞井,羸其瓶,凶。	*Jǐng* bedeutet die Zeit, in der man sich bemüht, Schwierigkeiten zu überwinden (Dörfer wechseln, ohne den Brunnen zu verändern), mit der Einstellung, anfängliche Verluste zu akzeptieren, um das Ziel zu erreichen (kein Verlust, kein Gewinn). Es erfordert große Anstrengungen (aufmerksam hin und her gehen), doch bestehen weiterhin Herausforderungen (fast den Brunnen erreichen, aber der Eimer bricht, bevor Wasser geholt werden kann), was auf ein unheilvolles Ergebnis hinweist.

LINIENBEZEICHNUNG VON ZHOU GONG

IM I GING 3.0

LINIEN DES HEXAGRAMMS	URSPRÜNGLICHE BEZEICHNUNG	INTERPRETATION DER BEZEICHNUNG
Line 1	井泥不食,舊井無禽。	Der Schlammboden des Brunnens ist ungenießbar, ein alter Brunnen hat keine Vögel.
Line 2	井谷,射鮒,甕敝漏。	Brunnen im Tal, ein kleiner Fisch wird gefangen, das Gefäß ist zerbrochen und leckt.
Line 3	井渫不食,為我心惻,可用汲,王明,並受其福。	Der Brunnen ist sauber, doch das Wasser wird nicht konsumiert, aus Mitgefühl; es ist möglich, Wasser zu schöpfen, der König ist weise und empfängt Segnungen.
Line 4	井甃,無咎。	Der Brunnen ist aus Stein gebaut, kein Fehler.
Line 5	井冽,寒泉食。	Der Brunnen ist klar; die kalte Quelle ist trinkbar.
Line 6	井收,勿莫,有孚,元吉。	Der Brunnen ist gesammelt; decke ihn nicht zu. Mit Vertrauen ist es günstig.

KOMBINATIONSEINBLICKE

IM I GING 4.0

Zhun (Subjekt) trifft Kan (Objekt): Möglicherweise reibungsloser Fortschritt, aber erhebliches Leiden; wenn gehandelt wird, muss dies mit großer Vorsicht geschehen.

• Subjekt Mensch (Yang, falsch positioniert, Wasser) wird durch Objekt Mensch (Yang, richtig positioniert, Erde) zerstört, was dazu führt, dass das Schicksal geschädigt wird.

• Subjekt Erde (Yin, falsch positioniert, Erde) wird durch Objekt Erde (Yin, richtig positioniert, Holz) zerstört, was zu materiellem Schaden führt.

• Subjekt Himmel (Yang, richtig positioniert, Metall) wird durch Objekt Himmel (Yin, richtig positioniert, Feuer) zerstört, was zu spirituellem Schaden führt..

49/ SEE ÜBER FEUER

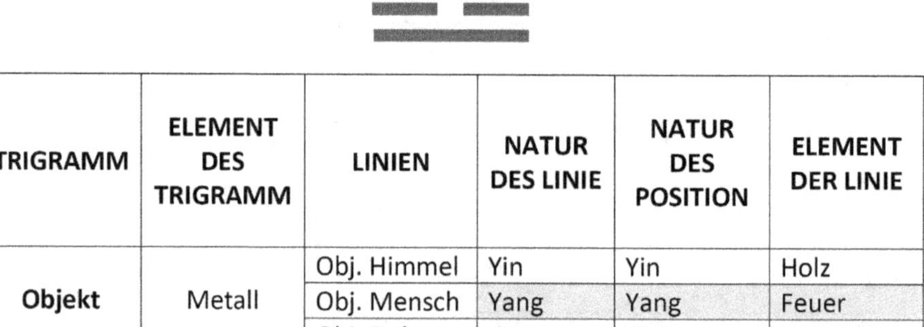

TRIGRAMM	ELEMENT DES TRIGRAMM	LINIEN	NATUR DES LINIE	NATUR DES POSITION	ELEMENT DER LINIE
Objekt	Metall	Obj. Himmel	Yin	Yin	Holz
		Obj. Mensch	Yang	Yang	Feuer
		Obj. Erde	Yang	Yin	Erde
Subjekt	Feuer	Sub. Himmel	Yang	Yang	Erde
		Sub. Mensch	Yin	Yin	Metall
		Sub. Erde	Yang	Yang	Wasser

WAHRSAGUNGEN VON KÖNIG WEN

IM I GING 2.0

URSPRÜNGLICHE WAHRSAGUNG	INTERPRETATION DER WAHRSAGUNG
革:己日乃孚,元亨,利貞,悔亡。	*Gé* bedeutet den Zeitpunkt, der Geduld betont; im Laufe der Zeit wird Vertrauen aufgebaut. Wenn man den rechtschaffenen Weg verfolgt, wird es Vorteile geben, und es wird keine Reue geben.

LINIENBEZEICHNUNG VON ZHOU GONG

IM I GING 3.0

LINIEN DES HEXAGRAMMS	URSPRÜNGLICHE BEZEICHNUNG	INTERPRETATION DER BEZEICHNUNG
Linie 1	鞏用黃牛之革。	Mit gelbem Rindsleder gebunden.
Linie 2	已日乃革之,征吉,無咎。	Allmähliche Veränderungen Tag für Tag führen zum Fortschritt; es ist günstig und ohne Fehler.
Linie 3	征凶,貞厲,革言三就,有孚。	Im Angesicht von Widrigkeiten ist es gefährlich, Integrität zu bewahren; nach drei Versuchen, die Worte zu reformieren, entsteht Vertrauen.
Linie 4	悔亡,有孚,改命吉。	Keine Reue, es gibt Vertrauen; das Schicksal zu reformieren bringt Glück.
Linie 5	大人虎變,未占有孚。	Eine hochrangige Person verwandelt sich wie ein Tiger; Vertrauen vor der Weissagung.
Linie 6	君子豹變,小人革面,征凶,居貞吉。	Eine edle Person verwandelt sich wie ein Leopard, während eine petty Person ihren Gesichtsausdruck ändert. Vorwärts zu gehen bringt Unglück, aber still zu bleiben bringt Glück.

KOMBINATIONSEINBLICKE

IM I GING 4.0

Li (Subjekt) trifft Dui (Objekt): Schwierig, erhebliche Leiden; wenn Maßnahmen ergriffen werden, ist große Vorsicht geboten.

• Subjekt Mensch (Yin, richtig positioniert, Metall) wird von Objekt Mensch (Yang, richtig positioniert, Feuer) zerstört, was zu einem Schaden des Schicksals führt.

• Subjekt Erde (Yang, richtig positioniert, Wasser) wird von Objekt Erde (Yang, fehlpositioniert, Erde) zerstört, was zu einem Materialschaden führt; dies könnte verringert werden, wenn eine Gegenmaßnahme erfolgt.

• Subjekt Himmel (Yang, richtig positioniert, Erde) wird von Objekt Himmel (Yin, richtig positioniert, Holz) zerstört, was zu einem Schaden des Geistes führt.

50/ FEUER ÜBER WIND

TRIGRAMM	ELEMENT DES TRIGRAMM	LINIEN	NATUR DES LINIE	NATUR DES POSITION	ELEMENT DER LINIE
Objekt	Feuer	Obj. Himmel	Yang	Yin	Erde
		Obj. Mensch	Yin	Yang	Metall
		Obj. Erde	Yang	Yin	Wasser
Subjekt	Holz	Sub. Himmel	Yang	Yang	Metall
		Sub. Mensch	Yang	Yin	Wasser
		Sub. Erde	Yin	Yang	Erde

WAHRSAGUNGEN VON KÖNIG WEN

IM I GING 2.0

URSPRÜNGLICHE WAHRSAGUNG	INTERPRETATION DER WAHRSAGUNG
鼎:元吉亨。	*Dǐng* bedeutet die Zeit eines glatten und glückverheißenden Anfangs.

LINIENBEZEICHNUNG VON ZHOU GONG

IM I GING 3.0

LINIEN DES HEXAGRAMMS	URSPRÜNGLICHE BEZEICHNUNG	INTERPRETATION DER BEZEICHNUNG
Linie 1	鼎顛趾,利出否,得妾以其子,無咎。	Der Kessel steht umgedreht; wenn die Blockade gelöst wird, bringt es Vorteile. Eine Konkubine zu nehmen, um Kinder zu gebären, ist ohne Fehl.
Linie 2	鼎有實,我仇有疾,不我能即,吉。	Der Kessel ist mit Speisen gefüllt; mein Feind ist krank und kann mir nicht nahekommen, günstig.
Linie 3	鼎耳革,其行塞,雉高不食,方雨,虧悔終,吉。	Die Henkel des Kessels haben sich verändert, was zu einem Stillstand der Handlungen führt. Das Fett des Fasans ist ungenießbar; es hat gerade geregnet, und es gibt keine weiteren Bedauern, günstig.
Linie 4	鼎折足,覆公餗,其形渥,凶。	Die Füße des Kessels sind gebrochen, das Essen verschüttet, und es nimmt eine schwere Form an, was unheilvoll ist.
Linie 5	鼎黄耳,金鉉利貞。	Der Kessel hat goldene Henkel, den goldenen Haken, was zur Wahrung der Integrität vorteilhaft ist.
Linie 6	鼎玉鉉,大吉,無不利。	Der Kessel ist mit Jade verziert, günstig, nichts Unvorteilhaftes.

KOMBINATIONSEINBLICKE

IM I GING 4.0

Sun (Subjekt) trifft Li (Objekt): Möglicherweise reibungsloser Fortschritt, Gewinn und Verlust koexistieren, wobei der Gewinn den Verlust überwiegt.

• Subjekt Mensch (Yang, fehlpositioniert, Wasser) wird vom Objekt Mensch (Yin, fehlpositioniert, Metall) erzeugt, was zu einem Gewinn im Schicksal führt.

• Subjekt Erde (Yin, fehlpositioniert, Erde) zerstört Objekt Erde (Yang, fehlpositioniert, Wasser), was zu einer mangelnden Unterstützung des Materials und zu Leid führt.

• Subjekt Himmel (Yang, korrekt positioniert, Metall) wird vom

Objekt Himmel (Yang, fehlpositioniert, Erde) erzeugt, was zur Unterstützung des Geistes führt.

51/ DONNER ÜBER DONNER

TRIGRAMM	ELEMENT DES TRIGRAMM	LINIEN	NATUR DES LINIE	NATUR DES POSITION	ELEMENT DER LINIE
Objekt	Holz	Obj. Himmel	Yin	Yin	Erde
		Obj. Mensch	Yin	Yang	Metall
		Obj. Erde	Yang	Yin	Feuer
Subjekt	Holz	Sub. Himmel	Yin	Yang	Erde
		Sub. Mensch	Yin	Yin	Metall
		Sub. Erde	Yang	Yang	Feuer

WAHRSAGUNGEN VON KÖNIG WEN

IM I GING 2.0

URSPRÜNGLICHE WAHRSAGUNG	INTERPRETATION DER WAHRSAGUNG
震:亨,震來虩虩,笑言啞啞,震驚百里,不喪匕鬯。	*Zhèn* bedeutet die Zeit der Umwälzung, aber der donnernde Klang bringt Ruhe und Freude; der Donner ist hunderte Meilen weit zu hören, doch es gibt keine Verluste, was darauf hinweist, dass bedeutende Ereignisse eintreten können, ohne Schaden anzurichten oder die Rituale zu beeinflussen.

LINIENBEZEICHNUNG VON ZHOU GONG

IM I GING 3.0

LINIEN DES HEXAGRAMMS	URSPRÜNGLICHE BEZEICHNUNG	INTERPRETATION DER BEZEICHNUNG
Linie 1	震來虩虩,後笑言啞啞,吉。	Der Donner grollt dröhnend, gefolgt von Lachen und fröhlichem Gespräch; es ist glückverheißend.
Linie 2	震來厲憶,喪貝,躋于九陵,勿逐,七日得。	Der Donner kommt und erinnert an Mühen und den Verlust von Wertgegenständen, erreicht den Fuß der Neun Hügel. Jage ihm nicht nach; in sieben Tagen wirst du es erhalten.
Linie 3	震蘇蘇,震行無眚。	Der Donner grollt laut; wenn er eintrifft, richtet er keinen Schaden an.
Linie 4	震遂泥。	Der Donner grollt und wird dann still.
Linie 5	震往來厲,億無喪,有事。	Der Donner bewegt sich hin und her mit Gefahr; alles bleibt unversehrt, und es gibt Angelegenheiten zu erledigen.
Linie 6	震索索,視矍矍,征凶,震不于其躬,于其鄰,無咎,婚媾有言。	Der Donner ist leise und scheint vorsichtig; es gibt Anzeichen für Unheil, der Donner hat einen selbst noch nicht erreicht, sondern den Nachbarn. Es gibt keinen Fehler, und die Familie der Braut hat etwas zu sagen.

KOMBINATIONSEINBLICKE

IM I GING 4.0

Zhèn (Subjekt) trifft auf Zhèn (Objekt): Möglicherweise glatt, eigenständig, das Aufrechterhalten von Integrität bringt zusätzlichen Nutzen.

• Subjekt Mensch (Yin, richtig positioniert, Metall) harmoniert mit Objekt Mensch (Yin, falsch positioniert, Metall), was zur Erhaltung des Schicksals führt.

• Subjekt Erde (Yang, richtig positioniert, Feuer) harmoniert mit Objekt Erde (Yang, falsch positioniert, Feuer), was zur Erhaltung des Materials führt.

• Subjekt Himmel (Yin, falsch positioniert, Erde) harmoniert mit Objekt Himmel (Yang, richtig positioniert, Erde), was zur

LUU NGUYEN DAO NGUYEN

Erhaltung des Geistes führt.

52/ BERG ÜBER BERG

TRIGRAMM	ELEMENT DES TRIGRAMM	LINIEN	NATUR DES LINIE	NATUR DES POSITION	ELEMENT DER LINIE
Objekt	Erde	Obj. Himmel	Yang	Yin	Metall
		Obj. Mensch	Yin	Yang	Feuer
		Obj. Erde	Yin	Yin	Erde
Subjekt	Erde	Sub. Himmel	Yang	Yang	Metall
		Sub. Mensch	Yin	Yin	Feuer
		Sub. Erde	Yin	Yang	Erde

WAHRSAGUNGEN VON KÖNIG WEN

IM I GING 2.0

URSPRÜNGLICHE WAHRSAGUNG	INTERPRETATION DER WAHRSAGUNG
艮: 其背,不獲其身,行其庭,不見其人,無咎。	*Gèn* bedeutet eine Zeit, die noch nicht klar ist; wenn man nur eine Seite sieht, kann man das Ganze nicht vollständig verstehen. Es ist, als ob man nur den Rücken einer Person sieht und nicht ihr Gesicht. Selbst beim Betreten des Hofes sieht man die Person noch immer nicht. Dies deutet darauf hin, dass die Situation, der man manchmal begegnet, nicht völlig transparent ist, jedoch ohne Fehler.

LINIENBEZEICHNUNG VON ZHOU GONG

IM I GING 3.0

LINIEN DES HEXAGRAMMS	URSPRÜNGLICHE BEZEICHNUNG	INTERPRETATION DER BEZEICHNUNG
Linie 1	艮其趾,無咎,利永貞。	Das Anhalten der Zehen, kein Fehler, das Bewahren der Rechtschaffenheit bringt dauerhafte Vorteile.
Linie 2	艮其腓,不拯其隨,其心不快。	Das Anhalten der Wade, ohne ihr zu helfen, zu folgen, das Herz ist nicht in Ruhe.
Linie 3	艮其限,列其夤,厲薰心。	Das Anhalten der Taille, schmerzhaft und zerrissen im Rücken, das Herz ist durch Gefahr beunruhigt.
Linie 4	艮其身,無咎。	Das Anhalten des Körpers, kein Vorwurf.
Linie 5	艮其輔,言有序,悔亡。	Das Anhalten am Rand, geordnet sprechen, kein Bedauern.
Linie 6	敦艮,吉。	Sanft und fest anzuhalten ist günstig.

KOMBINATIONSEINBLICKE

IM I GING 4.0

Gen (Subjekt) trifft auf Gen (Objekt): Möglicherweise glatt, selbstständig; ein sanfter Ansatz verhindert Verluste.

• Subjekt Mensch (Yin, richtig positioniert, Feuer) harmoniert mit Objekt Mensch (Yin, falsch positioniert, Feuer), was dazu führt, dass das Schicksal intakt bleibt.

• Subjekt Erde (Yin, falsch positioniert, Erde) harmoniert mit Objekt Erde (Yang, richtig positioniert, Erde), was dazu führt, dass das Materielle intakt bleibt.

• Subjekt Himmel (Yang, richtig positioniert, Metall) harmoniert mit Objekt Himmel (Yin, falsch positioniert, Metall), was dazu führt, dass der Geist intakt bleibt.

53/ WIND ÜBER BERG

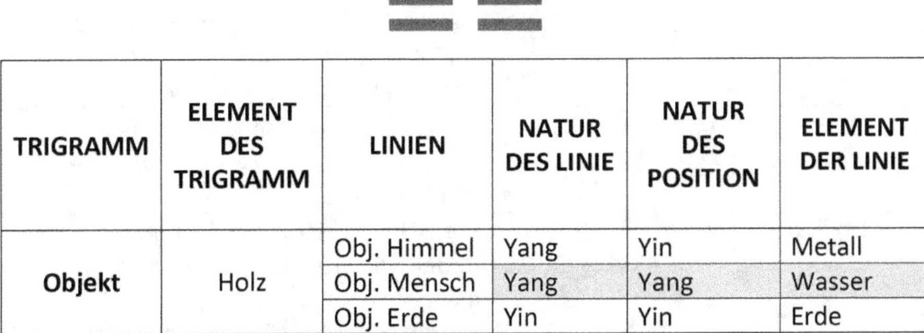

TRIGRAMM	ELEMENT DES TRIGRAMM	LINIEN	NATUR DES LINIE	NATUR DES POSITION	ELEMENT DER LINIE
Objekt	Holz	Obj. Himmel	Yang	Yin	Metall
		Obj. Mensch	Yang	Yang	Wasser
		Obj. Erde	Yin	Yin	Erde
Subjekt	Erde	Sub. Himmel	Yang	Yang	Metall
		Sub. Mensch	Yin	Yin	Feuer
		Sub. Erde	Yin	Yang	Erde

WAHRSAGUNGEN VON KÖNIG WEN

IM I GING 2.0

URSPRÜNGLICHE WAHRSAGUNG	INTERPRETATION DER WAHRSAGUNG
漸:女歸,吉,利貞。	*Jiàn* bedeutet den Zeitpunkt, der im Einklang mit den Prinzipien steht, ähnlich wie eine Tochter, die in das Haus ihres Mannes zurückkehrt, was günstig ist; indem man den richtigen Weg einhält, wird man profitieren.

LINIENBEZEICHNUNG VON ZHOU GONG

IM I GING 3.0

LINIEN DES HEXAGRAMMS	URSPRÜNGLICHE BEZEICHNUNG	INTERPRETATION DER BEZEICHNUNG
Linie 1	鴻漸于干,小子厲,有言,無咎。	Die Wildgans schreitet zum Ufer; das Junge ist besorgt. Es werden Worte gesprochen, aber es gibt keinen Fehler.
Linie 2	鴻漸于磐,飲食衎衎。	Die Wildgans schreitet zum Felsen, und das Essen und Trinken sind reichlich.
Linie 3	鴻漸于陸,夫征不復,婦孕不育,凶,利禦寇。	Die Wildgans schreitet an Land; der Ehemann ist weg und kehrt nicht zurück, die Frau ist schwanger, bringt aber nicht zur Welt; es ist ominös, aber es ist vorteilhaft, Banditen abzuwehren.
Linie 4	鴻漸于木,或得其桷,無咎。	Die Wildgans schreitet zum Baum; vielleicht findet sie Zweige zum Sitzen; es gibt keinen Fehler.
Linie 5	鴻漸于陸,婦三歲不孕,終莫之勝,吉。	Die Wildgans schreitet zum hohen Boden; die Frau konnte seit drei Jahren nicht schwanger werden, doch letztendlich übertrifft niemand diese Situation; es ist günstig.
Linie 6	鴻漸于逵,其羽可用為儀,吉。	Die Wildgans schreitet den Weg entlang; ihre Federn können für zeremonielle Zwecke verwendet werden; es ist günstig.

KOMBINATIONSEINBLICKE

IM I GING 4.0

Gen (Subjekt) trifft Sun (Objekt): Sehr schwierig, selbstständig; seien Sie sehr vorsichtig, wenn Sie handeln.

• Subjekt Mensch (Yin, richtig positioniert, Feuer) wird durch Objekt Mensch (Yang, richtig positioniert, Wasser) zerstört, was dazu führt, dass das Schicksal geschädigt wird.

• Subjekt Erde (Yin, fehlpositioniert, Erde) harmonisiert mit Objekt Erde (Yin, richtig positioniert, Erde), was dazu führt, dass das Material intakt bleibt.

• Subjekt Himmel (Yang, richtig positioniert, Metall) harmonisiert mit Objekt Himmel (Yang, fehlpositioniert,

Metall), was dazu führt, dass der Geist intakt bleibt.

54/ DONNER ÜBER SEE

TRIGRAMM	ELEMENT DES TRIGRAMM	LINIEN	NATUR DES LINIE	NATUR DES POSITION	ELEMENT DER LINIE
Objekt	Holz	Obj. Himmel	Yin	Yin	Erde
		Obj. Mensch	Yin	Yang	Metall
		Obj. Erde	Yang	Yin	Feuer
Subjekt	Metall	Sub. Himmel	Yin	Yang	Holz
		Sub. Mensch	Yang	Yin	Feuer
		Sub. Erde	Yang	Yang	Erde

WAHRSAGUNGEN VON KÖNIG WEN

IM I GING 2.0

URSPRÜNGLICHE WAHRSAGUNG	INTERPRETATION DER WAHRSAGUNG
歸妹:征凶,無攸利。	*Guī* bedeutet den Zeitpunkt, der ungünstig ist, da ein Voranschreiten zu Schwierigkeiten führen und keinen Nutzen bringen könnte. Daher wird geraten, während dieser Phase keine größeren Aufgaben zu versuchen.

LINIENBEZEICHNUNG VON ZHOU GONG

IM I GING 3.0

LINIEN DES HEXAGRAMMS	URSPRÜNGLICHE BEZEICHNUNG	INTERPRETATION DER BEZEICHNUNG
Linie 1	歸妹以歸娣,跛能履,征吉。	Die jüngere Schwester heiratet zusammen mit ihrem Bruder; sie geht mit einem Hinken, schreitet aber dennoch zu gutem Glück.
Linie 2	眇能視,利幽人之貞。	Mit eingeschränktem Sehvermögen ist es vorteilhaft für den Einsiedler, die Gerechtigkeit zu wahren.
Linie 3	歸妹以須,反歸以娣。	Die jüngere Schwester heiratet, während sie wartet, und kehrt dann mit ihrem Geschwister zurück.
Linie 4	歸妹愆期,遲歸有時。	Die Heiratspläne der jüngeren Schwester sind verzögert, aber obwohl aufgeschoben, wird sie letztendlich zur richtigen Zeit stattfinden.
Linie 5	帝乙歸妹,其君之袂,不如其娣之袂良,月幾望,吉。	König Di Yi verheiratet seine jüngere Schwester, doch der Saum des königlichen Gewandes ist nicht so fein wie der der Schwester; der Mond nähert sich der Vollmondphase, was günstig ist.
Linie 6	女承筐,無實,士刲羊無血,無攸利。	Die Frau trägt einen leeren Korb, es mangelt an Vorräten; der Mann schlachtet eine Ziege ohne Blut, was keinen Nutzen bringt.

KOMBINATIONSEINBLICKE

IM I GING 4.0

Dui (Subjekt) trifft Zhen (Objekt): Schwierig, Gewinn und Verlust existieren nebeneinander; Vorsicht ist erforderlich, wenn Maßnahmen ergriffen werden.

• Das Subjekt Mensch (Yang, falsch positioniert, Feuer) zerstört das Objekt Mensch (Yin, falsch positioniert, Metall), was dazu führt, dass das Schicksal nicht unterstützt wird und leidet.

• Das Subjekt Erde (Yang, richtig positioniert, Erde) erzeugt das Objekt Erde (Yang, falsch positioniert, Feuer), was dazu führt, dass das Material unterstützt wird.

• Das Subjekt Himmel (Yin, falsch positioniert, Holz) zerstört das Objekt Himmel (Yin, richtig positioniert, Erde), was dazu führt, dass der Geist nicht unterstützt wird und leidet. Er würde geschädigt, wenn eine Gegenmaßnahme erfolgt.

55/ DONNER ÜBER FEUER

TRIGRAMM	ELEMENT DES TRIGRAMM	LINIEN	NATUR DES LINIE	NATUR DES POSITION	ELEMENT DER LINIE
Objekt	Holz	Obj. Himmel	Yin	Yin	Erde
		Obj. Mensch	Yin	Yang	Metall
		Obj. Erde	Yang	Yin	Feuer
Subjekt	Feuer	Sub. Himmel	Yang	Yang	Erde
		Sub. Mensch	Yin	Yin	Metall
		Sub. Erde	Yang	Yang	Wasser

WAHRSAGUNGEN VON KÖNIG WEN

IM I GING 2.0

URSPRÜNGLICHE WAHRSAGUNG	INTERPRETATION DER WAHRSAGUNG
豐:亨,王假之,勿憂,宜日中。	*Fēng* bedeutet den Zeitpunkt, der günstig ist mit dem Kommen des Königs; mach dir keine Sorgen und wähle den geeignetsten Moment zur Mittagszeit, wenn die Sonne am hellsten ist.

LINIENBEZEICHNUNG VON ZHOU GONG

IM I GING 3.0

LINIEN DES HEXAGRAMMS	URSPRÜNGLICHE BEZEICHNUNG	INTERPRETATION DER BEZEICHNUNG
Linie 1	遇其配主,雖旬無咎,往有尚。	Wenn man einen geeigneten Partner trifft, gibt es in dieser Zeit zwar keine Fehler, aber das Vorankommen wird gelobt.
Linie 2	豐其蔀,日中見斗,往得疑疾, 有孚發若,吉。	Das reichliche Wachstum ist verborgen; zur Mittagszeit ist der Dǒu-Stern sichtbar. Vorwärts zu gehen, wird mit Misstrauen und Verachtung begegnet, doch mit Vertrauen und Aufrichtigkeit wird es günstig sein.
Linie 3	豐其沛,日中見沫,折其右肱,無咎。	Das reichliche Wachstum ist vollständig verborgen; zur Mittagszeit ist der Mò-Stern sichtbar. Der rechte Arm ist gebrochen, aber es gibt keinen Fehler.
Linie 4	豐其蔀,日中見斗,遇其夷主, 吉。	Das reichliche Wachstum ist vollständig verborgen; zur Mittagszeit ist der Dǒu-Stern sichtbar. Das Treffen mit einem externen Herrn bringt Glück.
Linie 5	來章,有慶,譽,吉。	Ein gutes Omen kommt, bringt Freude und Lob; es ist günstig.
Linie 6	豐其屋,蔀其家,闚其戶,闃其無人,三歲不覿,凶。	Eine große Fülle wie ein hohes Haus, verborgen, das durch das Fenster schielt, still und leer, seit drei Jahren nicht gesehen; dies ist ominös.

KOMBINATIONSEINBLICKE

IM I GING 4.0

Li (Subjekt) trifft Zhen (Objekt): Reibungsloser Fortschritt, selbstständig.

• Subjekt Mensch (Yin, richtig positioniert, Metall) harmoniert mit Objekt Mensch (Yin, fehlpositioniert, Metall), was dazu führt, dass das Schicksal intakt bleibt.

• Subjekt Erde (Yang, richtig positioniert, Wasser) zerstört Objekt Erde (Yang, fehlpositioniert, Feuer), was dazu führt, dass

das Material nicht unterstützt wird und leidet.
• Subjekt Himmel (Yang, richtig positioniert, Erde) harmoniert mit Objekt Himmel (Yin, richtig positioniert, Erde), was dazu führt, dass der Geist intakt bleibt.

56/ FEUER ÜBER BERG

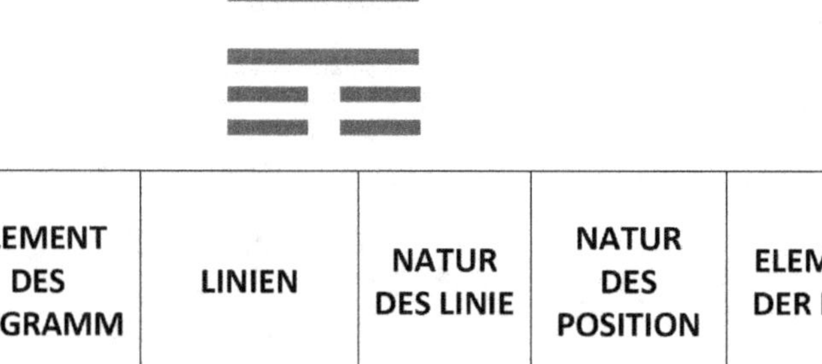

TRIGRAMM	ELEMENT DES TRIGRAMM	LINIEN	NATUR DES LINIE	NATUR DES POSITION	ELEMENT DER LINIE
Objekt	Feuer	Obj. Himmel	Yang	Yin	Erde
		Obj. Mensch	Yin	Yang	Metall
		Obj. Erde	Yang	Yin	Wasser
Subjekt	Erde	Sub. Himmel	Yang	Yang	Metall
		Sub. Mensch	Yin	Yin	Feuer
		Sub. Erde	Yin	Yang	Erde

WAHRSAGUNGEN VON KÖNIG WEN
IM I GING 2.0

URSPRÜNGLICHE WAHRSAGUNG	INTERPRETATION DER WAHRSAGUNG
旅:小亨,旅貞吉	*Lǚ* bedeutet den Zeitpunkt, der vorteilhaft ist, wenn auch im kleinen Maßstab. Daher wird, wenn man Aufgaben ausführt und Integrität bewahrt, das Glück erreicht.

LINIENBEZEICHNUNG VON ZHOU GONG
IM I GING 3.0

LINIEN DES HEXAGRAMMS	URSPRÜNGLICHE BEZEICHNUNG	INTERPRETATION DER BEZEICHNUNG
Linie 1	旅瑣瑣,斯其所取災。	Reisen auf petty Weise führt zu Unheil.
Linie 2	旅即次,懷其資,得童僕貞。	Reisen und vorübergehend verweilen, die eigenen Besitztümer sorgfältig bewachen, man hat einen treuen Diener.
Linie 3	旅樊其次,喪其童僕,貞厲。	Der Reisende verbrennt die Unterkunft, verliert den Diener, und auch das Bewahren von Integrität ist gefährlich.
Linie 4	旅于處,得其資否,我心不快。	Der Reisende ist an einem vorübergehenden Ort, hat eine Axt zur Selbstverteidigung, aber das Herz ist nicht in Ruhe.
Linie 5	射雉,一矢亡,終以譽命。	Ein Fasan wird geschossen, ein Pfeil geht verloren, was letztendlich zu einem freudigen Schicksal führt.
Linie 6	鳥焚其巢,旅人先笑,後號咷, 喪牛于易,凶。	Der Vogel verbrennt sein Nest; der Reisende lacht zuerst, dann schreit er in Not. Eine Kuh durch Nachlässigkeit zu verlieren ist ominös.

KOMBINATIONSEINBLICKE

IM I GING 4.0

Gen (Subjekt) trifft Li (Objekt): Reibungsloser Fortschritt, Gewinn und Verlust koexistieren.

• Subjekt Mensch (Yin, korrekt positioniert, Feuer) zerstört Objekt Mensch (Yin, falsch positioniert, Metall), was dazu führt, dass das Schicksal ungestützt bleibt und leidet.

• Subjekt Erde (Yin, falsch positioniert, Erde) zerstört Objekt Erde (Yang, falsch positioniert, Wasser), was dazu führt, dass das

Materielle ungestützt bleibt und leidet.
· Subjekt Himmel (Yang, korrekt positioniert, Metall) wird vom Objekt Himmel (Yang, falsch positioniert, Erde) erzeugt, was dazu führt, dass der Geist unterstützt wird..

57/ WIND ÜBER WIND

TRIGRAMM	ELEMENT DES TRIGRAMM	LINIEN	NATUR DES LINIE	NATUR DES POSITION	ELEMENT DER LINIE
Objekt	Holz	Obj. Himmel	Yang	Yin	Metall
		Obj. Mensch	Yang	Yang	Wasser
		Obj. Erde	Yin	Yin	Erde
Subjekt	Holz	Sub. Himmel	Yang	Yang	Metall
		Sub. Mensch	Yang	Yin	Wasser
		Sub. Erde	Yin	Yang	Erde

WAHRSAGUNGEN VON KÖNIG WEN
IM I GING 2.0

URSPRÜNGLICHE WAHRSAGUNG	INTERPRETATION DER WAHRSAGUNG
巽:小亨,利有攸往,利見大人。	*Xùn* bedeutet den Zeitpunkt kleiner Glattheit, aber eine Handlung (d. h. voranzuschreiten oder etwas zu unternehmen) wird vorteilhaft sein. Darüber hinaus wird das Treffen mit Menschen von Autorität, Tugend und Ruf ebenfalls Vorteile bringen.

LINIENBEZEICHNUNG VON ZHOU GONG
IM I GING 3.0

LINIEN DES HEXAGRAMMS	URSPRÜNGLICHE BEZEICHNUNG	INTERPRETATION DER BEZEICHNUNG
Linie 1	進退,利武人之貞。	Vorrücken und Retreat, die Integrität wie eine kämpferische Person wahren, wird Vorteile bringen.
Linie 2	巽在床下,用史巫紛若,吉,無咎。	Unter dem Bett Rituale mit einem Schamanen durchführen, günstig und ohne Fehler.
Linie 3	頻巽,吝。	Sich übermäßig erniedrigen ist bedauerlich.
Linie 4	悔亡,田獲三品。	Keine Reue, die Jagd bringt drei Arten.
Linie 5	貞吉,悔亡,無不利,無所有終,先庚三日,后庚三日,吉。	Die Integrität zu wahren bringt Glück, ohne Reue; es gibt nichts, was nicht vorteilhaft ist. Drei Tage vor und drei Tage nach dem Tag des Geng ist es günstig.
Linie 6	巽在床下,喪其資斧,貞凶。	Unter dem Bett verstecken, die Axt zum Schutz verlieren; die Integrität zu wahren führt zu Unglück.

KOMBINATIONSEINBLICKE

IM I GING 4.0

Sun (Subjekt) trifft Sun (Objekt): Möglicherweise reibungsloser Fortschritt; sanft und gehorsam zu sein, kann zusätzliche Vorteile bringen.

• Subjekt Mensch (Yin, falsch positioniert, Wasser) harmoniert mit Objekt Mensch (Yang, richtig positioniert, Wasser), was dazu führt, dass das Schicksal intakt bleibt.

• Subjekt Erde (Yin, falsch positioniert, Erde) harmoniert mit Objekt Erde (Yang, richtig positioniert, Erde), was dazu führt, dass das Materielle intakt bleibt.

• Subjekt Himmel (Yang, richtig positioniert, Metall) harmoniert mit Objekt Himmel (Yin, falsch positioniert, Metall), was dazu führt, dass der Geist intakt bleibt.

58/ SEE ÜBER SEE

TRIGRAMM	ELEMENT DES TRIGRAMM	LINIEN	NATUR DES LINIE	NATUR DES POSITION	ELEMENT DER LINIE
Objekt	Metall	Obj. Himmel	Yin	Yin	Holz
		Obj. Mensch	Yang	Yang	Feuer
		Obj. Erde	Yang	Yin	Erde
Subjekt	Metall	Sub. Himmel	Yin	Yang	Holz
		Sub. Mensch	Yang	Yin	Feuer
		Sub. Erde	Yang	Yang	Erde

WAHRSAGUNGEN VON KÖNIG WEN
IM I GING 2.0

URSPRÜNGLICHE WAHRSAGUNG	INTERPRETATION DER WAHRSAGUNG
兌:亨,利貞。	*Duì* bedeutet den Zeitpunkt der Sanftheit; Integrität zu bewahren, den richtigen Weg zu folgen und gerecht zu handeln, wird Vorteile bringen.

LINIENBEZEICHNUNG VON ZHOU GONG
IM I GING 3.0

LINIEN DES HEXAGRAMMS	URSPRÜNGLICHE BEZEICHNUNG	INTERPRETATION DER BEZEICHNUNG
Linie 1	和,兌,吉。	Harmonie, Freude, Glück.
Linie 2	孚兌,吉,悔亡。	Freudige Aufrichtigkeit, Glück, keine Reue.
Linie 3	來兌,凶。	Freudige Reflexion, ominös.
Linie 4	商兌,未寧,介疾,有喜。	Freudige Überlegung, Unruhe, Krankheit, es gibt gute Nachrichten.
Linie 5	孚于剝,有厲。	Vertrauen wird verletzt, es gibt Gefahr.
Linie 6	引兌。	Führt zur Freude.

KOMBINATIONSEINBLICKE

IM I GING 4.0

Dui (Subjekt) trifft auf Dui (Objekt): Möglicherweise reibungsloser Fortschritt, selbständig; weich und flexibel zu sein, kann zusätzliche Vorteile bringen.

• Subjekt Mensch (Yang, falsch positioniert, Feuer) harmoniert mit Objekt Mensch (Yang, richtig positioniert, Feuer), was dazu führt, dass das Schicksal intakt bleibt.

• Subjekt Erde (Yang, richtig positioniert, Erde) harmoniert mit Objekt Erde (Yang, falsch positioniert, Erde), was dazu führt, dass die Materie intakt bleibt.

• Subjekt Himmel (Yin, falsch positioniert, Holz) harmoniert mit Objekt Himmel (Yang, richtig positioniert, Holz), was dazu führt, dass der Geist intakt bleibt.

59/ WIND ÜBER WASSER

TRIGRAMM	ELEMENT DES TRIGRAMM	LINIEN	NATUR DES LINIE	NATUR DES POSITION	ELEMENT DER LINIE
Objekt	Holz	Obj. Himmel	Yang	Yin	Metall
		Obj. Mensch	Yang	Yang	Wasser
		Obj. Erde	Yin	Yin	Erde
Subjekt	Wasser	Sub. Himmel	Yin	Yang	Feuer
		Sub. Mensch	Yang	Yin	Erde
		Sub. Erde	Yin	Yang	Holz

WAHRSAGUNGEN VON KÖNIG WEN
IM I GING 2.0

URSPRÜNGLICHE WAHRSAGUNG	INTERPRETATION DER WAHRSAGUNG
渙:亨,王辮有廟,利涉大川,利貞。	*Huàn* bedeutet eine Zeit des reibungslosen Fortschritts, in der alles angemessen und sorgfältig vorbereitet ist, ähnlich wie die Anwesenheit eines Tempels, wenn der König eintrifft. Sich auf bedeutende Unternehmungen einzulassen, wie das Überqueren eines großen Flusses, wird vorteilhaft sein, wenn man Integrität wahrt und dem rechten Weg folgt.

LINIENBEZEICHNUNG VON ZHOU GONG

IM I GING 3.0

LINIEN DES HEXAGRAMMS	URSPRÜNGLICHE BEZEICHNUNG	INTERPRETATION DER BEZEICHNUNG
Linie 1	用拯馬壯,吉。	Starke Pferde zur Rettung einsetzen, günstig.
Linie 2	渙奔其機,悔亡。	Sich vom Platz auflösen und fortlaufen, keine Reue.
Linie 3	渙其躬,無悔。	Sich selbst auflösen, ohne Reue.
Linie 4	渙其群,元吉,渙有丘,匪夷所思。	Die Gruppe auflösen, äußerst günstig; die Auflösung hat eine Erhebung, unerwartet.
Linie 5	渙汗其大號,渙王居,無咎。	Den Schweiß des großen Zeichens auflösen, in der Residenz des Königs auflösen, kein Vorwurf.
Linie 6	渙其血去,逖出,無咎。	Das alte Blut auflösen, hinausgehen, kein Vorwurf.

KOMBINATIONSEINBLICKE

IM I GING 4.0

Kan (Subjekt) trifft Sun (Objekt): Möglicherweise reibungsloser Fortschritt, aber mit Leid; Vorsicht ist geboten, wenn man handelt.

• Subjekt Mensch (Yang, fehlpositioniert, Erde) zerstört Objekt Mensch (Yang, richtig positioniert, Wasser), was dazu führt, dass das Schicksal nicht unterstützt wird und leidet. Es könnte beschädigt werden, wenn Gegenmaßnahmen ergriffen werden.

• Subjekt Erde (Yin, fehlpositioniert, Holz) zerstört Objekt Erde (Yin, richtig positioniert, Erde), was dazu führt, dass das Materielle nicht unterstützt wird und leidet. Es könnte beschädigt werden, wenn Gegenmaßnahmen ergriffen werden.

• Subjekt Himmel (Yin, fehlpositioniert, Feuer) zerstört Objekt Himmel (Yang, fehlpositioniert, Metall), was dazu führt, dass der Geist keine unterstützende Energie hat und leidet.

60/ WASSER ÜBER SEE

TRIGRAMM	ELEMENT DES TRIGRAMM	LINIEN	NATUR DES LINIE	NATUR DES POSITION	ELEMENT DER LINIE
Objekt	Wasser	Obj. Himmel	Yin	Yin	Feuer
		Obj. Mensch	Yang	Yang	Erde
		Obj. Erde	Yin	Yin	Holz
Subjekt	Metall	Sub. Himmel	Yin	Yang	Holz
		Sub. Mensch	Yang	Yin	Feuer
		Sub. Erde	Yang	Yang	Erde

WAHRSAGUNGEN VON KÖNIG WEN

IM I GING 2.0

URSPRÜNGLICHE WAHRSAGUNG	INTERPRETATION DER WAHRSAGUNG
節:亨,苦節不可貞。	*Jié* bedeutet eine Zeit des reibungslosen Fortschritts, aber übermäßige Zurückhaltung in Zeiten der Not kann das Bewahren der Integrität verhindern.

LINIENBEZEICHNUNG VON ZHOU GONG

IM I GING 3.0

LINIEN DES HEXAGRAMMS	URSPRÜNGLICHE BEZEICHNUNG	INTERPRETATION DER BEZEICHNUNG
Linie 1	不出戶庭,無咎。	Nicht aus dem Haus treten, kein Fehler.
Linie 2	不出門庭,凶。	Nicht aus dem Tor treten, unheilvoll.
Linie 3	不節若,則嗟若,無咎。	Ohne Beharrlichkeit, wenn es Bedauern gibt, besteht kein Fehler.
Linie 4	安節,亨。	Mäßiges und friedliches Verhalten, reibungsloser Fortschritt.
Linie 5	甘節,吉,往有尚。	Freudige Mäßigung bringt Glück, Vorwärtsgehen wird gelobt.
Linie 6	苦節,貞凶,悔亡。	Bittere Mäßigung, das Bewahren der Integrität führt zu Unglück, aber Bedauern wird vergehen.

KOMBINATIONSEINBLICKE

IM I GING 4.0

Dui (Subjekt) trifft auf Kan (Objekt): Möglicherweise reibungslos, leidvoll, selbständig.

• Subjekt Mensch (Yang, falsch positioniert, Feuer) erzeugt Objekt Mensch (Yang, richtig positioniert, Erde), was zur nutzbaren Bestimmung führt.

• Subjekt Erde (Yang, richtig positioniert, Erde) wird vom Objekt Erde (Yin, richtig positioniert, Holz) zerstört, was zu einer Schädigung des Materials führt.

• Subjekt Himmel (Yin, falsch positioniert, Holz) erzeugt Objekt Himmel (Yin, richtig positioniert, Feuer), was zum Zustand „zukünftiger Gewinn, gegenwärtiges Leiden" für den Geist führt.

61/ WIND ÜBER SEE

TRIGRAMM	ELEMENT DES TRIGRAMM	LINIEN	NATUR DES LINIE	NATUR DES POSITION	ELEMENT DER LINIE
Objekt	Holz	Obj. Himmel	Yang	Yin	Metall
		Obj. Mensch	Yang	Yang	Wasser
		Obj. Erde	Yin	Yin	Erde
Subjekt	Metall	Sub. Himmel	Yin	Yang	Holz
		Sub. Mensch	Yang	Yin	Feuer
		Sub. Erde	Yang	Yang	Erde

WAHRSAGUNGEN VON KÖNIG WEN

IM I GING 2.0

URSPRÜNGLICHE WAHRSAGUNG	INTERPRETATION DER WAHRSAGUNG
中孚:豚魚吉,利涉大川,利貞。	*Zhōng Fú* bedeutet die Zeit, in der Vertrauen und gegenseitiges Verständnis so tief sind, dass selbst Tiere wie Fische und Schweine es spüren können, was zu Glück führt. Es ist vorteilhaft, Mut zu zeigen und schwierige Hindernisse wie das Überqueren eines großen Flusses zu überwinden, während man die Rechtschaffenheit bewahrt.

LINIENBEZEICHNUNG VON ZHOU GONG

IM I GING 3.0

LINIEN DES HEXAGRAMMS	URSPRÜNGLICHE BEZEICHNUNG	INTERPRETATION DER BEZEICHNUNG
Linie 1	虞吉,有他,不燕。	Vorsicht bringt Glück, doch es gibt andere Dinge, die Unruhe bringen.
Linie 2	鳴鶴在陰,其子和之,我有好爵,吾與爾靡之。	Ein Kranich ruft aus dem Schatten, sein Junges harmoniert mit ihm. Ich besitze einen feinen Rang und werde ihn mit dir teilen.
Linie 3	得敵,或鼓或罷,或泣或歌。	Einem Gegner gegenüberstehend, schlagen die Trommeln manchmal, manchmal verstummen sie, manchmal wird geweint, manchmal wird gesungen.
Linie 4	月幾望,馬匹亡,無咎。	Der Mond ist fast voll, das Pferd ist davongelaufen, aber es gibt keinen Fehler.
Linie 5	有孚攣如,無咎。	Mit Aufrichtigkeit wird es eine Bindung geben, und es gibt keinen Fehler.
Linie 6	翰音登于天,貞凶。	Die Flügel schlagen, um in den Himmel zu steigen; am rechten Pfad festzuhalten bringt Unheil.

KOMBINATIONSEINBLICKE

IM I GING 4.0

Dui (Subjekt) trifft auf Sun (Objekt): Schwierig, leidvoll; Vorsicht ist geboten, wenn man handelt.

• Subjekt Mensch (Yang, fehlpositioniert, Feuer) wird vom Objekt Mensch (Yang, korrekt positioniert, Wasser) zerstört, was zu einem beeinträchtigten Schicksal führt.

• Subjekt Erde (Yang, korrekt positioniert, Erde) harmoniert mit Objekt Erde (Yin, korrekt positioniert, Erde), was zur Erhaltung des Materials führt.

• Subjekt Himmel (Yin, fehlpositioniert, Holz) wird vom Objekt Himmel (Yang, fehlpositioniert, Metall) zerstört, was zu einem beeinträchtigten Geist führt.

62/ DONNER ÜBER BERG

TRIGRAMM	ELEMENT DES TRIGRAMM	LINIEN	NATUR DES LINIE	NATUR DES POSITION	ELEMENT DER LINIE
Objekt	Holz	Obj. Himmel	Yin	Yin	Erde
		Obj. Mensch	Yin	Yang	Metall
		Obj. Erde	Yang	Yin	Feuer
Subjekt	Erde	Sub. Himmel	Yang	Yang	Metall
		Sub. Mensch	Yin	Yin	Feuer
		Sub. Erde	Yin	Yang	Erde

WAHRSAGUNGEN VON KÖNIG WEN

IM I GING 2.0

URSPRÜNGLICHE WAHRSAGUNG	INTERPRETATION DER WAHRSAGUNG
小過:亨,利貞,可小事,不可大事,飛鳥遺之音,不宜上,宜下,大吉。	*Xiǎo Guò* bezeichnet den Zeitpunkt, an dem man Integrität wahren und sich auf kleine Angelegenheiten konzentrieren sollte, während man Risiken bei größeren Unternehmungen vermeidet. Es ist ratsam, nicht zu hoch zu greifen und in einer niedrigeren Position zu bleiben, um Glück und Vorteile zu erzielen.

LINIENBEZEICHNUNG VON ZHOU GONG

IM I GING 3.0

LINIEN DES HEXAGRAMMS	URSPRÜNGLICHE BEZEICHNUNG	INTERPRETATION DER BEZEICHNUNG
Linie 1	飛鳥以凶。	Der fliegende Vogel begegnet dem Unglück.
Linie 2	過其祖,遇其妣,不及其君, 遇其臣,無咎。	Übertrifft die Vorfahren, trifft die Mutter; nicht den König erreichen, die Mandarinen treffen, kein Fehler.
Linie 3	弗過防之,從或戕之,凶。	Nicht übervorbereiten; folgt man oder wird man dadurch geschädigt, ist es ominös.
Linie 4	無咎,弗過遇之,往厲,必戒勿用,永貞。	Es gibt keinen Fehler; nicht zu nah nähern. Vorwärtsgehen führt zu Gefahr; es ist wichtig, vorsichtig zu sein und sich nicht zu engagieren, und die Integrität für immer zu wahren.
Linie 5	密云不雨,自我西郊,公弋取彼,在穴。	Dicke Wolken bringen keinen Regen; ich bin in den westlichen Vororten. Der Gentleman schießt, um sie zu fangen, in der Höhle.
Linie 6	弗遇過之,飛鳥離之,凶,是謂災眚。	Nicht zu nah nähern; der fliegende Vogel entfernt sich davon, was Unglück bringt. Dies wird als Katastrophe bezeichnet.

KOMBINATIONSEINBLICKE

IM I GING 4.0

Gen (Subjekt) trifft Zhen (Objekt): Sehr schwierig, auch wenn Unterstützung vorhanden ist; extreme Vorsicht ist erforderlich, wenn man handelt.

• Subjekt Mensch (Yin, richtig positioniert, Feuer) zerstört Objekt Mensch (Yin, falsch positioniert, Metall), was dazu führt, dass das Schicksal nicht unterstützt wird und leidet.

• Subjekt Erde (Yin, falsch positioniert, Erde) wird vom Objekt Erde (Yang, falsch positioniert, Feuer) erzeugt, was dazu führt, dass das Material unterstützt wird.

• Subjekt Himmel (Yang, richtig positioniert, Metall) wird vom Objekt Himmel (Yin, richtig positioniert, Erde) erzeugt, was dazu führt, dass der Geist unterstützt wird.

63/ WASSER ÜBER FEUER

TRIGRAMM	ELEMENT DES TRIGRAMM	LINIEN	NATUR DES LINIE	NATUR DES POSITION	ELEMENT DER LINIE
Objekt	Wasser	Obj. Himmel	Yin	Yin	Feuer
		Obj. Mensch	Yang	Yang	Erde
		Obj. Erde	Yin	Yin	Holz
Subjekt	Feuer	Sub. Himmel	Yang	Yang	Erde
		Sub. Mensch	Yin	Yin	Metall
		Sub. Erde	Yang	Yang	Wasser

WAHRSAGUNGEN VON KÖNIG WEN
IM I GING 2.0

URSPRÜNGLICHE WAHRSAGUNG	INTERPRETATION DER WAHRSAGUNG
既濟:亨,小利貞, 初吉,終亂。	*Ji Ji* bedeutet den Zeitpunkt des reibungslosen Fortschritts und kleiner Vorteile, wenn man Integrität wahrt. Zunächst kann es günstig sein, aber am Ende könnte es zu Schwierigkeiten führen.

LINIENBEZEICHNUNG VON ZHOU GONG
IM I GING 3.0

LINES OF HEXAGRAM	ORIGINAL DENOTATION	INTERPRETATION OF DENOTATION
Linie 1	曳其輪,濡其尾,無咎。	Das Ziehen des Rades, der Schwanz wird nass; es gibt keinen Fehler.
Linie 2	婦喪其弗,勿逐,七日得。	Eine Frau verliert ihren Schleier; jage ihm nicht nach; in sieben Tagen wird er zurückgebracht.
Linie 3	高宗伐鬼方,三年克之,小人勿用。	König Gaozong bezwang den Gespensterstamm; es dauerte drei Jahre, um Erfolg zu haben. Setze keine unbedeutenden Personen ein.
Linie 4	繻有衣袽,終日戒。	Es gibt nassen Stoff für Kleidung; bleibe den ganzen Tag vorsichtig.
Linie 5	東鄰殺牛,不如西鄰之禴祭,實受其福。	Der Nachbar im Osten opfert einen Ochsen, aber es ist nicht so gut wie das einfache Ritual des Nachbarn im Westen, der wahrhaftig Segnungen empfängt.
Linie 6	濡其首,厲。	Nass am Kopf; es ist gefährlich.

KOMBINATIONSEINBLICKE

IM I GING 4.0

Li (Subjekt) trifft Kan (Objekt): Schwierigkeiten, Gewinn und Verlust existieren nebeneinander, aber der Gewinn überwiegt den Verlust.

• Subjekt Mensch (Yin, rechts-positioniert, Metall) wird durch Objekt Mensch (Yang, rechts-positioniert, Erde) erzeugt, was dazu führt, dass das Schicksal im Gewinn ist.

• Subjekt Erde (Yang, rechts-positioniert, Wasser) erzeugt Objekt Erde (Yin, rechts-positioniert, Holz), was dazu führt, dass das Materielle als „zukünftiger Gewinn, gegenwärtiges Leiden" betrachtet wird.

• Subjekt Himmel (Yang, rechts-positioniert, Erde) wird durch Objekt Himmel (Yin, rechts-positioniert, Feuer) erzeugt, was dazu führt, dass der Geist unterstützt wird.

64/ FEUER ÜBER WASSER

TRIGRAMM	ELEMENT DES TRIGRAMM	LINIEN	NATUR DES LINIE	NATUR DES POSITION	ELEMENT DER LINIE
Objekt	Feuer	Obj. Himmel	Yang	Yin	Erde
		Obj. Mensch	Yin	Yang	Metall
		Obj. Erde	Yang	Yin	Wasser
Subjekt	Wasser	Sub. Himmel	Yin	Yang	Feuer
		Sub. Mensch	Yang	Yin	Erde
		Sub. Erde	Yin	Yang	Holz

WAHRSAGUNGEN VON KÖNIG WEN
IM I GING 2.0

URSPRÜNGLICHE WAHRSAGUNG	INTERPRETATION DER WAHRSAGUNG
未濟:亨,小狐汔濟,濡其尾,無攸利。	*Wèi Jì* bezeichnet den Zeitpunkt, an dem es trotz reibungsloser Fortschritte und Weiterentwicklungen immer noch Hindernisse und Risiken zu überwinden gibt, ähnlich einem kleinen Fuchs, der kurz davor ist, den Fluss zu überqueren, aber seinen Schwanz nass hat und somit noch keine Vorteile erlangt hat.

LINIENBEZEICHNUNG VON ZHOU GONG
IM I GING 3.0

LINIEN DES HEXAGRAMMS	URSPRÜNGLICHE BEZEICHNUNG	INTERPRETATION DER BEZEICHNUNG
Linie 1	濡其尾,吝。	Nass am Schwanz; es ist ein Zeichen der Widerwilligkeit.
Linie 2	曳其輪,貞吉。	Das Rad zu ziehen und Integrität zu bewahren bringt Glück.
Linie 3	貞凶,利涉大川。	Integrität zu bewahren führt zu Unglück, aber das Überqueren des großen Flusses bringt Vorteile.
Linie 4	貞吉,悔亡,震用伐鬼方,三年有賞于大國。	Integrität zu bewahren bringt Glück, die Reue ist verschwunden; mobilisieren, um den Geisterstamm zu bestrafen, in drei Jahren wird es Belohnungen vom großen Volk geben.
Linie 5	貞吉,無悔,君子之光,有孚, 吉。	Integrität zu bewahren bringt Glück, ohne Reue; das Licht des Edlen ist offensichtlich, mit Aufrichtigkeit, und es ist günstig.
Linie 6	有孚于飲酒,無咎,濡其首,有孚,失是。	Mit Integrität zu trinken bringt keinen Fehler; wenn man übermäßig trinkt und den Kopf nass macht, führt das zu einem Verlust der Anstand.

KOMBINATIONSEINBLICKE

IM I GING 4.0

Kan (Subjekt) trifft Li (Objekt): Schwierigkeiten, Gewinn und Verlust existieren nebeneinander.

• Subjekt Mensch (Yang, falsch positioniert, Erde) erzeugt das Objekt Mensch (Yin, falsch positioniert, Metall), was dazu führt, dass das Schicksal in der Nutzung ist.

• Subjekt Erde (Yin, falsch positioniert, Holz) wird durch Objekt Erde (Yang, falsch positioniert, Wasser) erzeugt, was dazu führt, dass das Materielle unterstützt wird.

• Subjekt Himmel (Yin, falsch positioniert, Feuer) erzeugt Objekt Himmel (Yang, falsch positioniert, Erde), was dazu führt, dass der Geist als „zukünftiger Gewinn, gegenwärtiges Leiden"

LUU NGUYEN DAO NGUYEN

betrachtet wird.

KAPITEL 4

I GING DIVINATION, VORHERSAGE UND ANWENDUNG

I. Wann sollte man das I Ging zur Divination und Vorhersage konsultieren?

Die Essenz des I Ging liegt im Prozess, in dem das Subjekt-Trigramm mit dem Objekt-Trigramm interagiert, wodurch Ereignisse und Phänomene innerhalb des Rahmens unveränderlicher Gesetze transformiert werden. Daher offenbart jede Kombination eine situative Variation (d.h. das Timing) der betrachteten Angelegenheit.

Es gibt drei Hauptinhalte, die eine Kombination offenbart:
• Den Zustand des Glücks oder Unglücks
• Den Zustand der Leichtigkeit oder Schwierigkeit
• Den Zustand des Gewinns oder Verlusts

Daher kann man eine Kombination werfen, um das I Ging bezüglich eines Ereignisses oder Phänomens zu konsultieren, mit dem der Initiator[35] besorgt ist. Es gibt jedoch zwei wichtige Punkte zu beachten:

(1) Man sollte nur einmal über eine Entität oder ein Phänomen konsultieren und nicht wiederholt nach derselben Angelegenheit fragen. Wie in der Vorhersage des Hexagramms „Berg über Wasser" steht, schrieb König Wen: „Einmal ein Hexagramm zu werfen gibt eine Antwort; es zwei oder drei Mal zu werfen führt zu Langeweile, und Langeweile bedeutet keine

Antwort.“

(2) Konsultiere das I Ging nicht bei statischen Fragen. Zum Beispiel kann man nicht fragen: „Wie heißt sie?“, da der Name einer Person immer in einem statischen Zustand ist und keine Interaktion beinhaltet.

Im Allgemeinen, wenn du gerade etwas tust oder planst zu tun und den Zustand des Glücks oder Unglücks, der Leichtigkeit oder Schwierigkeit, des Gewinns oder Verlusts vorhersagen möchtest, dann ist es eine gute Wahl, eine Kombination zu werfen, um das I Ging zu konsultieren.

II. Hat die Konsultation des I Ging zur Divination und Vorhersage eine wissenschaftliche Grundlage?

Viele Menschen fragen sich: „Hat das Werfen einer Kombination, um das I Ging zu konsultieren, eine wissenschaftliche Grundlage?“ oder „Wie ist es möglich, die situative Variation (d.h. das Timing) eines Ereignisses oder Phänomens einfach durch das Werfen von drei Münzen mit aufrichtiger und fokussierter Absicht vorherzusagen?“

Tatsächlich gibt es die Divination mit dem I Ging seit der Zeit von Fu Xi, einem legendären alten König Chinas, vor fast 5.000 Jahren. Von dort aus verbreitete es sich weltweit mit der Migration der chinesischen Kultur. In China wurde das I Ging vor etwa 2.500 Jahren von Konfuzius als eines der „Fünf Klassiker“ des Konfuzianismus klassifiziert und galt als der Weg des edlen Menschen. Gelehrte, die die kaiserlichen Prüfungen ablegen und Mandarins werden wollten, mussten das I Ging studieren, da es einen grundlegenden Rahmen von Gedanken, Philosophie und Ethik bot, um ihr Denken zu leiten. Darüber hinaus half das Werfen von Hexagrammen zur Konsultation des I Ging, glückliche oder unglückliche Ergebnisse, vorteilhafte oder nachteilige Umstände und welche Handlungen zu ergreifen oder zu vermeiden sind, vorherzusagen. So war es in den feudalen Dynastien Chinas üblich, dass Beamte bei auftretenden Ereignissen den Befehlen des Königs folgten und Hexagramme warfen, um Weissagungen zu treffen. Daher ist das Studium des I Ging und das Werfen von Hexagrammen zur Divination in der chinesischen Kultur weit verbreitet und wird seit Tausenden von Jahren von Milliarden von Menschen geglaubt.

Der große deutsche Philosoph Hegel sagte einmal: „Was real ist, muss vernünftig sein; was vernünftig ist, muss real sein." Die Existenz und Entwicklung des I Ging über fast 5.000 Jahre weltweit zeigen, dass es eine rationale Grundlage haben muss. Das einzige Problem ist, dass die Wissenschaft noch nicht so weit fortgeschritten ist, dass sie die Gültigkeit des Werfens von Hexagrammen zur Konsultation des I Ging für die Divination ausdrücklich erklären kann.

Jüngste Entdeckungen in der modernen Physik beginnen, eine tiefgreifende wissenschaftliche Grundlage zu offenbaren, die möglicherweise die Praktiken der Divination, wie sie im I Ging verwendet werden, unterstützen könnte. Die Forschung über „Quantenverschränkung", die 2022 den Nobelpreis für Physik erhielt, könnte eine überzeugende Erklärung dafür bieten, wie es möglich ist, die Verbindungen, Veränderungen und Transformationen von Ereignissen oder Phänomenen durch dieses Konzept vorherzusagen. Bei der Quantenverschränkung bleiben zwei Partikel, die aus elektromagnetischen Wellen stammen, auf geheimnisvolle Weise miteinander verbunden, selbst wenn sie Millionen von Kilometern entfernt und über lange Zeiträume hinweg getrennt sind. Bemerkenswerterweise reagiert das andere Partikel sofort, wenn eines gestört wird.

Darüber hinaus zeigt die 1971 mit dem Nobelpreis ausgezeichnete Entdeckung in der Physik über „Holografie", dass selbst ein Pixel, das so klein ist wie ein einzelnes Photon, eine enorme Menge an Daten über die Materie speichern kann, mit der es interagiert. Interessanterweise kann dieses winzige Pixel mit der richtigen Technologie verwendet werden, um alle Informationen über die Objekte abzurufen, die es auf seinem Weg getroffen hat. Dies deutet darauf hin, dass auf quantenmechanischer Ebene, insbesondere in der Quantenbiologie, noch unzählige Geheimnisse existieren, die die Wissenschaft noch nicht vollständig verstanden hat. Während wir auf weitere wissenschaftliche Fortschritte warten, die klarere Erklärungen bieten könnten, sollten wir weiterhin dem I Ging in seiner Divination und Vorhersage vertrauen, denn wie der große Philosoph Hegel einst sagte: „Wenn es existiert, muss es einen Grund dafür geben." Diese Idee steht auch im Einklang mit der buddhistischen Sichtweise, dass „nicht zu sehen nicht bedeutet, dass es nicht existiert."

Daraus können wir erkennen, dass die häufigen Ratschläge des I Ging in der Vaticination, wie „Vorteile kommen von der Wahrung der Rechtschaffenheit" und „Glück kommt von der Wahrung der Rechtschaffenheit", eine Grundlage haben, da all unsere Handlungen von „verschränkten" Quantenpartikeln aufgezeichnet und beobachtet werden. Daher werden wir, wenn wir ungerechte Taten begehen, auf lange Sicht keine Vorteile oder Frieden erlangen. Dies gilt auch für dieses Buch: Wenn Leser raubkopierte oder urheberrechtsverletzende Versionen erwerben, ist es wahrscheinlich, dass die Vorhersagen nicht so effektiv sind wie bei der Verwendung einer autorisierten Kopie!

III. Wie man eine I Ging-Kombination wirft und ihre Bedeutung interpretiert?

Es gibt viele Möglichkeiten, eine I Ging-Kombination zu werfen. In der Antike verwendeten die Menschen oft Schafgarbenstängel, um dies zu tun. Im Laufe der Zeit entwickelten spätere Generationen von I Ging-Gelehrten verschiedene neue Methoden zum Werfen von Hexagrammen. Im Allgemeinen kann jede Methode verwendet werden, solange sie die wesentlichen Anforderungen für eine genaue Vorhersage erfüllt, wie Aufrichtigkeit und fokussierte Absicht während des Prozesses. Aus unserer Sicht ist es genauer, wenn Einzelpersonen die Kombination selbst werfen, obwohl es völlig in Ordnung ist, bei der Interpretation der Ergebnisse Hilfe von einem erfahrenen Experten in Anspruch zu nehmen.

Im Folgenden geben wir Anleitungen, wie man eine I Ging-Kombination mit drei Yin-Yang-Münzen wirft. Dies ist eine heute weit verbreitete Methode und wird von vielen als die genaueste angesehen, weil „die Münze die Botschaft der Weisen enthält." Die runde Form der Münze repräsentiert den Himmel, das quadratische Loch in der Mitte symbolisiert die Erde, die Seite mit Zeichen steht für Yin, und die Seite mit Zahlen repräsentiert Yang, was das Prinzip von Yin und Yang widerspiegelt.

Die Schritte zum Werfen einer I Ging-Kombination sind wie folgt:.

Schritt 1: Die Werkzeuge vorbereiten

Sie benötigen ein Gefäß und drei Münzen, die jeweils eine Yin-Seite und eine Yang-Seite haben. Die Münzen müssen in Material, Struktur, Gewicht usw. vollständig identisch sein.

Schritt 2: Die Einstellung vorbereiten

In der Antike waren die Menschen sehr akribisch, wenn sie ein I Ging-Hexagramm warfen. Der Wahrsager reinigte sich oft gründlich, zündete Weihrauch an und machte Opfergaben, wenn er Rat zu wichtigen Angelegenheiten suchte. Heute ist der Prozess einfacher – es reicht aus, sich die Hände und das Gesicht zu waschen, seine Energie zu fokussieren, aufrichtig eine Beschwörung zu rezitieren und die richtige Frage zu stellen.

Schritt 3: Mit dem Werfen der Kombination fortfahren

Halten Sie die drei Münzen in Ihrer Handfläche, konzentrieren Sie Ihre Energie und Absicht etwa 30 Sekunden lang, um Energie in die Münzen zu übertragen. Dann legen Sie still fest, welche Seite der Münze Kopf (Yang) oder Zahl (Yin) ist, bevor Sie sie werfen. Zum Beispiel könnten Sie bei Yin-Yang-Münzen entscheiden, dass die Seite mit den Zeichen Yin (Zahl) ist und die Seite mit den Zahlen Yang (Kopf), usw.

Als Nächstes rezitieren Sie eine Beschwörung und bitten um Führung von Himmel, Erde, den Göttern und den Weisen

Fuxi und König Wen, und stellen dann die Frage, auf die Sie Antworten suchen. Einige Quellen schlagen vor, dass es nicht notwendig ist, eine Beschwörung zu rezitieren, und dass Sie sich einfach auf Ihre Frage in Ihrem Geist konzentrieren können, weil gemäß dem Prinzip der Resonanz aufrichtige und respektvolle Anfragen von selbst beantwortet werden. Aus unserer Sicht hilft jedoch das Rezitieren einer Beschwörung, Ihre Energie zu fokussieren und verleiht dem Prozess der Konsultation des I Ging eine gewisse Ernsthaftigkeit.

Danach werfen Sie die drei Münzen sechs Mal, um die sechs Linien der Kombination zu bestimmen (darunter drei Linien für das Subjekt-Trigramm und drei für das Objekt-Trigramm). Überprüfen Sie nach jedem Wurf, ob die Münzen Kopf oder Zahl zeigen, und notieren Sie jede Linie der Kombination auf Papier in der Reihenfolge von unten nach oben.

Der erste Wurf bildet die Erdlinie, der zweite Wurf bildet die Menschenlinie, und der dritte Wurf bildet die Himmelslinie des Subjekt-Trigramms. Der vierte Wurf bildet die Erdlinie, der fünfte Wurf bildet die Menschenlinie, und der sechste Wurf bildet die Himmelslinie des Objekt-Trigramms.

Jeder Wurf muss die folgenden drei Kopf-Zahl-Regeln befolgen, um zu bestimmen, ob die Linie Yin oder Yang ist, und sie auf Papier wie folgt aufzeichnen:

• Eine Zahl (Yin) und zwei Köpfe (Yang) ergeben eine Yin-Linie aufgrund des Prinzips, dass „die Minderheit die Mehrheit regiert." In diesem Fall sind die Zahlen (Yin) dominant, daher ist diese Linie Yin. Notieren Sie sie als gebrochene Linie [– –].
• Ein Kopf (Yang) und zwei Zahlen (Yin) ergeben eine Yang-Linie, die als durchgehende Linie [—] aufgezeichnet wird.
• Wenn alle drei Münzen dieselbe Seite zeigen, erzeugt dies eine wechselnde Linie. Wenn alle drei Münzen Zahl zeigen, ergibt sich eine Yin-Linie [– –], aber da sie sich ändert, wird sie zu einer Yang-Linie [—]. Umgekehrt, wenn alle drei Münzen Kopf zeigen, ergibt sich eine Yang-Linie [—], aber da sie sich ändert, wird sie

zu einer Yin-Linie [– –].

Nachdem Sie die Münzen sechs Mal geworfen und die sechs Linien in der Reihenfolge von unten nach oben aufgezeichnet haben, haben Sie eine Kombination gebildet, die aus dem Subjekt-Trigramm (unten) und dem Objekt-Trigramm (oben) besteht. An diesem Punkt müssen Sie lediglich die entsprechende Kombination in den 64 Kombinationen in diesem Buch nachschlagen und sowohl die Vaticination lesen, die König Wen vor über 3.000 Jahren geschrieben hat, als auch die Kombination Vorhersagen, die von Lưu Nguyễn Đào Nguyên verfasst wurde, um die Botschaften der Kombination für Ihre Anfrage zu verstehen und zu bestimmen, wie sie vernünftig angewendet werden kann.

IV. Regeln zur Interpretation von I Ging-Kombinationen gemäß neuem Verständnis

In I Ging 2.0 verwendete König Wen Daten (sowohl schriftliche als auch ungeschriebene), die über Tausende von Jahren der Wahrsagerei angesammelt wurden, um die Vaticination zu verfassen. In I Ging 4.0 wenden wir die Prinzipien der Fünf Elemente an, um die Kombination Vorhersagen zu schreiben. Dieser Ansatz basiert auf dem Verständnis, dass die Fünf Elemente aus den Acht Trigrammen abgeleitet sind und einen dominanten Einfluss auf den gesamten Prozess der Interaktion und Transformation von Entitäten oder Phänomenen im Rahmen der unveränderlichen Gesetze des I Ging ausüben. In I Ging 4.0 nutzen wir keine Numerosymbologie in der Interpretation der Kombinationen aufgrund ihrer metaphysischen und facettenreichen Natur; mit jedem gegebenen Symbol oder jeder Zahl können Einzelpersonen sie auf ihre eigene Weise interpretieren, einschließlich einiger Interpretationen, die möglicherweise eigenartig oder humorvoll sind, wie in den vorherigen Abschnitten erwähnt.

Bei der Interpretation der Kombinationen, um die situationalen Variationen (d.h. das Timing) von Ereignissen oder Phänomenen vorherzusagen, muss man sich auf die Beziehungen der Fünf Elemente zwischen dem Subjekt-Trigramm und dem Objekt-Trigramm sowie zwischen den Paaren der responsiven Linien stützen, gemäß den folgenden drei allgemeinen Regeln:

1. Regeln zur Bewertung des Guten/Schlechten Grades in den Beziehungen der Fünf Elemente zwischen Subjekt- und Objekt-Trigramm sowie Linien

• Objekt erzeugt Subjekt: Reibungslos; Unterstützt.
• Subjekt erzeugt Objekt: Möglicherweise reibungslos; Zukünftiger Gewinn, gegenwärtiges Leid.
• Subjekt harmonisiert mit Objekt: Unversehrt; möglich... wenn...
• Subjekt zerstört Objekt: Schwierig; Nicht unterstützt, leidend.
• Objekt zerstört Subjekt: Sehr schwierig; Geschädigt.

2. Regeln zur Bewertung der Stärken und Schwächen in den Interaktionen zwischen Linien

• Richtig positioniert – Fehlpositioniert: Richtig positioniert ist stärker als fehlpositioniert.
• Richtig positioniert – Richtig positioniert: Gleich starke.
• Fehlpositioniert – Fehlpositioniert: Gleich starke.

3. Regeln zur Evaluierung der Interaktionen zwischen den Linien des Subjekt-Trigramms und den responsiven Linien des Objekt-Trigramms

Um es zu vereinfachen und den Lesern zu helfen, dies zu Hause leicht anzuwenden, werden wir nur die Interaktionen in gepaarten responsiven Linien diskutieren: Subjekt Erde und Objekt Erde, Subjekt Mensch und Objekt Mensch, Subjekt Himmel und Objekt Himmel hinsichtlich der folgenden Aspekte:

• Subjekt Erde – Objekt Erde: Bezieht sich auf den materiellen Faktor
• Subjekt Mensch – Objekt Mensch: Bezieht sich auf das Schicksal

des Initiators

• Subjekt Himmel – Objekt Himmel: Bezieht sich auf den spirituellen Faktor

V. Lesen und Reagieren auf die I Ging Wahrsagerei und Vorhersage

Für jede Kombination gibt es drei Vorhersagen: die *Wahrsagungen*, die von König Wen in I Ging 2.0 geschrieben wurde, die *Linienbezeichnung*, die vor über 3.000 Jahren von Zhou Gong verfasst wurde, und die *Kombinationseinblicke*, die von Lưu Nguyễn Đào Nguyên basierend auf neuen Erkenntnissen in I Ging 4.0 geschrieben wurden.

1. Die **Wahrsagungen** wurde auf der Grundlage empirischer Daten verfasst, die über Tausende von Jahren vorheriger Wahrsagerei angesammelt wurden. Daher sollten die Leser prüfen und verifizieren, ob diese auf ihre Situation zutreffen, bevor sie sie verwenden.

2. Die **Linienbezeichnung** wurden unter dem Missverständnis verfasst, dass "ein Hexagramm eine einzelne Einheit mit sechs Linien ist", und sollten daher nur als Referenz verwendet werden.

3. Die **Kombinationseinblicke**, die auf neuen Erkenntnissen über I Ging 4.0, insbesondere die Interaktionen der Fünf Elemente, basieren, sind leichter zu verstehen und anzuwenden. Dennoch sollten die Leser diese Vorhersagen mit ihrer eigenen Situation vergleichen, bevor sie sie nutzen.

Beim Werfen und Interpretieren einer I Ging-Kombination, unabhängig davon, ob das Ergebnis gut oder schlecht ist, sollte man eine ruhige und friedliche Einstellung bewahren und vorsichtig reagieren. Sei nicht zu selbstsicher, wenn das Ergebnis gut ist, und sei nicht pessimistisch, wenn es schlecht ist — auf diese Weise wird, selbst wenn es wenig Nutzen gibt, kein Fehler entstehen.

VI. Kombination von I Ging, Zi Wei und westlichen

Karten in der Vorhersage und Verbesserung des Schicksals

Weltweit gibt es viele Systeme zur Vorhersage des Schicksals, aber unserer Ansicht nach sind die drei wichtigsten, mit der längsten Geschichte und größter Zuverlässigkeit, I Ging, Zi Wei und westliche Karten.

Interessanterweise unterscheiden sich die Ziele und Methoden dieser drei Systeme, aber in Kombination können sie umfassend die Bedürfnisse zur Vorhersage und Verbesserung des eigenen Schicksals adressieren. Darüber hinaus ergänzen und stärken sie die jeweiligen Stärken der anderen, während sie effektiv ihre eigenen Schwächen überwinden.

1. Zi Wei

Zi Wei ist eine einzigartige chinesische Disziplin zur Lebenszeitvorhersage, die vor mehr als 1.000 Jahren vom taoistischen Gelehrten Chen Tuan während der Song-Dynastie entwickelt wurde. Zi Wei sagt das Schicksal basierend auf dem Geschlecht und der Geburtszeit einer Person voraus, einschließlich Stunde, Tag, Monat und Jahr der Geburt (bekannt als Ba Zi oder Acht Zeichen). Aus diesen Eingabedaten wird ein Zi Wei Geburtshoroskop erstellt, das die Positionen (Vorhandensein/Abwesenheit) und Interaktionen von 108 Sternen (die Anzahl der verwendeten Sterne kann je nach Region variieren; in China werden beispielsweise bis zu 123 Sterne, in Vietnam 111 Sterne und in Taiwan manchmal nur 82 Sterne verwendet) innerhalb von 12 Häusern anzeigt: Glück & Tugend, Eltern, Selbst, Geschwister, Ehepartner, Kinder, Reichtum, Gesundheit, Reisen, Diener, Karriere und Eigentum. Dieses Diagramm wird dann verwendet, um das Lebensschicksal des Individuums vorherzusagen

Zi Wei hat sich in der Praxis als recht genau erwiesen, um das Lebensschicksal vorherzusagen. Allerdings steht Zi Wei auch vor ungelösten Herausforderungen, wie zum Beispiel der Unfähigkeit, zu erklären, warum eineiige Zwillinge, die dieselbe Geburtsstunde, denselben Tag, Monat und Jahr sowie ähnliche Gene und Aussehen teilen, oft sehr unterschiedliche Lebensverläufe erfahren.

Das Seltsame und Interessante ist, dass nach der Überarbeitung des I Ging und der Kombination mit Zi Wei die ungelösten Herausforderungen in Zi Wei elegant und logisch erklärt oder gelöst werden. Darüber hinaus ermöglicht die Integration von Zi Wei mit dem neu überarbeiteten I Ging 4.0 umfassendere und genauere Vorhersagen aus dem I Ging.

Es ist auch erwähnenswert, dass der taoistische Gelehrte Chen Tuan vor mehr als 1.000 Jahren Zi Wei entwickelte und dabei Schlüsselkonzepte aus dem Zhou Yi (I Ging) übernahm. Allerdings hat er möglicherweise aufgrund der Missverständnisse und Auslassungen des I Ging 3.0, wie zuvor in diesem Buch erwähnt, die Hexagramme nicht in Zi Wei integriert (oder konnte sie vielleicht nicht verwenden?). Dies hat zu einigen ungelösten Herausforderungen innerhalb von Zi Wei geführt, die bis heute bestehen. Man könnte spekulieren, dass, wenn die neuen Erkenntnisse aus I Ging 4.0 vor der Erstellung von Zi Wei verfügbar gewesen wären, diese Herausforderungen möglicherweise nicht über 1.000 Jahre ungelöst geblieben wären.

2. Westliche Karten

Die westliche Kartenlesung entstand vor etwa 500 Jahren in Europa (einige Theorien vermuten Mesopotamien) und verbreitete sich allmählich auf der ganzen Welt, wobei sie sich in verschiedene Formen verzweigte. Ein bestimmter Zweig umfasst die Verwendung von vier Karten (entweder vier Königinnen oder vier Zehnen) zur Vorhersage, was der Zweig ist, den wir untersucht und mit I Ging und Zi Wei kombiniert haben. In diesem Buch beziehen wir uns bei der Erwähnung westlicher Karten spezifisch auf diese Form der Kartenwahrsagerei und nicht auf andere Zweige des Kartenlesens oder Tarot.

Das I Ging und die westlichen Karten teilen sich

Ähnlichkeiten in den Methoden zur Erstellung von Kombinationen oder zum Mischen und Austeilen von Karten für Vorhersagen. Im I Ging konzentriert der Praktizierende seine Energie, um drei Yin-Yang-Münzen zu werfen, um eine Kombination zu erhalten, während der Leser bei den westlichen Karten ebenfalls seine Energie konzentriert, um die Karten zu mischen und auszuteilen, um eine Hand zur Vorhersage zu bilden. Es gibt jedoch Unterschiede in ihren philosophischen Rahmenbedingungen und den Gegenständen ihrer Vorhersagen.

Die divinatorischen Prinzipien der westlichen Karten basieren auf dem 3-4-5-Diagramm wie folgt:

• 3 bezieht sich auf die drei Gruppen von Einflüssen auf das Leben jedes Menschen: (i) Gott/Universum/Segen; (ii) König/Königin/Untertanen [in modernen Zeiten durch das bürokratische/managementsystem repräsentiert]; (iii) Interaktionen von denen um sie herum, einschließlich Partner, Freunde und Verwandte.
• 4 bezieht sich auf die vier Lebensaspekte: (i) Emotionen/Gesundheit/innere Angelegenheiten; (ii) Geld/Status/äußere Angelegenheiten; (iii) Gunst/Unterstützung/Entwicklung; (iv) Widrigkeiten/Hindernisse/Rückgang.
• 5 bezieht sich auf die fünf operativen Gesetze, die das Leben jedes Menschen regeln: (i) Fortschritt; (ii) Rückschritt; (iii) Spiralbewegung; (iv) Resonanz/Gegenresonanz; (v) Geburt – Altern – Krankheit – Tod.

Eines der Hauptziele der Wahrsagerei mit westlichen Karten besteht darin, die Auswirkungen anderer auf den Suchenden in Bezug auf die oben genannten vier Aspekte vorherzusagen. Interessanterweise kann dies die Erden- und Himmelslinien des Subjekttrigramms in der I Ging-Kombination beeinflussen und somit zur Verbesserung des eigenen Schicksals beitragen. Aus diesem Grund haben wir die Integration westlicher Karten mit I Ging und Zi Wei erforscht.

usammenfassend lässt sich sagen, dass die Integration von Zi Wei in das Studium der Menschenlinie, während westliche Karten verwendet werden, um die Himmel- und Erdenlinien des Subjekttrigramms zu erkunden, ein umfassenderes Verständnis des I Ging bieten und einen größeren praktischen Wert haben wird. Dieses neuartige und faszinierende Thema wird in unserem kommenden Buch über die Kombination von I Ging, Zi Wei und westlichen Karten zur Vorhersage und Verbesserung des Schicksals präsentiert.

KAPITEL 5

DIE FÜNF ELEMENTE UND NEUE EINBLICKE

Wie in Kapitel 2 erwähnt, sind die Fünf Elemente untrennbar mit Yin und Yang im Zustand der Interaktion (d. h. die Acht Trigramme) verbunden. Die Analyse der I Ging-Kombinationen ohne Berücksichtigung der Fünf Elemente verringert erheblich die Genauigkeit der Vorhersagen und kann zu Erklärungen führen wie „der Weise hat dies geschaffen!" oder zu Interpretationen, die auf metaphysischer, facettenreicher Numerologie basieren und oft voreingenommen, sogar verzerrt und humorvoll sind, wie zuvor im Buch zitiert. Daher sollten die Leser die grundlegenden Konzepte der Fünf Elemente, die wir neu hinzugefügt haben, sorgfältig überprüfen.

I. Was sind die Fünf Elemente? Woher kommen sie?

Neben Yin und Yang sind die Fünf Elemente eine einzigartige Schöpfung der chinesischen Zivilisation (bezogen auf die Kultur, die in dem Gebiet blühte, das heute China ist). Im Prozess der Interaktion, der dazu führt, dass sich Entitäten oder Phänomene gemäß den unveränderlichen Gesetzen des I Ging verwandeln, beobachteten und dokumentierten die alten Chinesen, dass jede Entität oder jedes Phänomen ein spezifisches Element gehört, das zu den Fünf Elementen gehört. Diese Elemente repräsentieren fünf Arten von "Qi", die generative und destruktiv Beziehungen zueinander haben: Wasser, Feuer, Holz, Metall und Erde. Es ist wichtig zu beachten, dass dies symbolische Namen für fünf Arten von "Qi" gemäß den alten Überzeugungen sind, nicht fünf spezifische physische Materialien (Wasser, Feuer, Holz, Metall, Erde), wie viele Menschen fälschlicherweise glauben.

Laut dem Gelehrten Le Van Suu[37], wird die urprüngliche Form der Fünf Elemente erstmals in „Die Neun Kategorien des Großen Plans" erwähnt, wo Ji Zi König Wu vor etwa 4.300 Jahren über die neun Kategorien beriet, denen ein Herrscher folgen sollte, um den Staat zu regieren, wobei die erste Kategorie die Fünf Elemente sind. Später wurden die Fünf Elemente in den Mondgeboten aus den Frühlings- und Herbstannalen der Familie Lu während der Qin-Dynastie (vor etwa 2.250 Jahren) erwähnt. Es war jedoch erst, als der berühmte Gelehrte Dong Zhongshu die Fünf Elemente während der Westlichen Han-Dynastie (vor etwa 2.150 Jahren) in einer relativ umfassenden und systematischen Weise präsentierte, dass sie von späteren Gelehrten weiterentwickelt wurden.

Im Laufe der tausend Jahre in China, der Wiege der Fünf Elemente, gab es viele unterschiedliche Meinungen über die Natur der Fünf Elemente, deren Ursprünge und so weiter, die bis heute ungeklärt sind. Im Folgenden ist eine Zusammenfassung einiger Perspektiven über die Fünf Elemente von mehreren renommierten Gelehrten der chinesischen Geschichte dargestellt:

1. Über die Natur der Fünf Elemente: Dong Zhongshu betrachtet sie als „Qi", Zhu Xi sieht sie als „Substanz" und Feng Youlan betrachtet sie als „Kraft".

2. ber die Ursprünge der Fünf Elemente: Zhu Danyi glaubt, dass „Yin und Yang die Fünf Elemente hervorbringen", Dong Zhongshu postulliert, dass „das Qi von Himmel und Erde in die Fünf Elemente gegliedert ist", und Dai Dongyuan behauptet, dass „in Yin und Yang die Fünf Elemente existieren und in den Fünf Elementen Yin und Yang existieren" [38].

Unser neues Verständnis des I Ging zeigt, dass es die Acht Trigramme sind, die die Fünf Elemente hervorbringen. Weder

Yin und Yang noch die Vier Symbole erzeugen die Fünf Elemente. Nur durch den Zustand der Interaktion (d. h. die Acht Trigramme) entstehen die Beziehungen zwischen den Fünf Elementen.

Diese Perspektive basiert auf dem universellen Prinzip der Natur, wo alle Dinge und Phänomene zu einem Gleichgewicht tendieren. Daher muss jedes einzelne Trigramm und das gesamte System der Acht Trigramme einen Zustand des Gleichgewichts erreichen; andernfalls können sie nicht an den Interaktionen teilnehmen, die es Dingen und Phänomenen ermöglichen, sich innerhalb des Rahmens unveränderlicher Gesetze zu verwandeln. Dies ist ähnlich wie in der Physik, wo die Struktur eines Atoms, bestehend aus Protonen, Neutronen und Elektronen (analog zu den drei Linien eines Trigramms), ein Gleichgewicht erreichen muss, um effektiv mit anderen Atomen zu interagieren.

Jedes Trigramm besteht aus drei Linien (d. h. drei Dualitätsgegenstücken). Um einen Zustand des Gleichgewichts zu gewährleisten, müssen die drei Linien sich in einer dreieckigen Formation gegenseitig erzeugen und zerstören, wobei entweder zwei Seiten erzeugen und eine Seite zerstört oder zwei Seiten zerstören und eine Seite erzeugt, wie im folgenden Diagramm dargestellt:

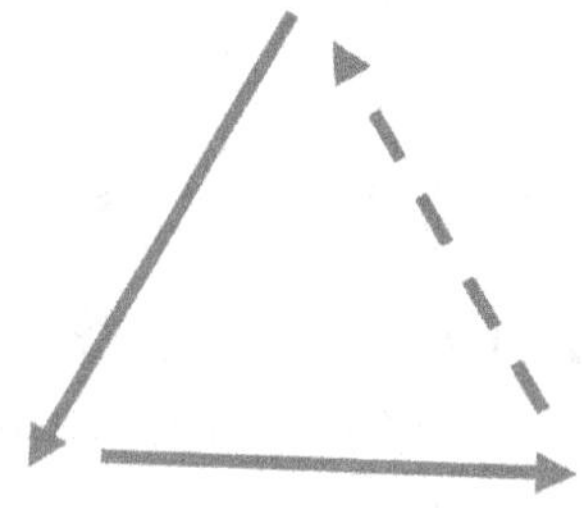

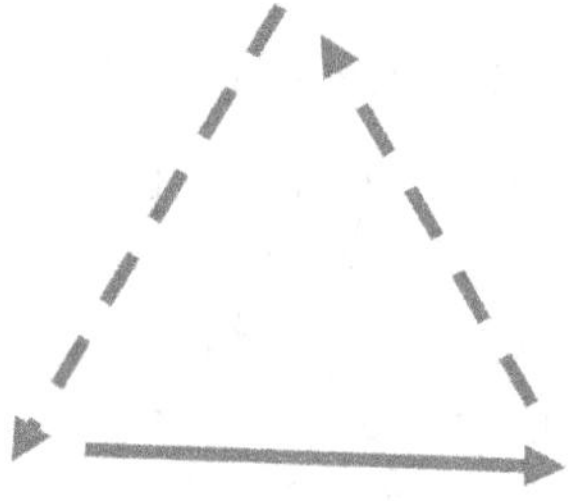

2 Erzeugung + 1 Zerstörung   1 Erzeugung + 2 Zerstörung

Es reicht jedoch nicht aus, dass jedes einzelne Trigramm ein Gleichgewicht erreicht; das gesamte System der Acht

Trigramme muss ebenfalls einen Zustand des Gleichgewichts erreichen, was bedeutet, dass sie sich gegenseitig erzeugen und zerstören müssen. Wenn die acht Dreiecke der Erzeugung und Zerstörung für jedes einzelne Trigramm in ein einheitliches Muster gegenseitiger Erzeugung und Zerstörung angeordnet werden, entsteht ein perfektes pentagonales Diagramm ABCDE, das die Fünf Elemente darstellt. Dies zeigt die subtile und wunderbare Funktionsweise der Natur!

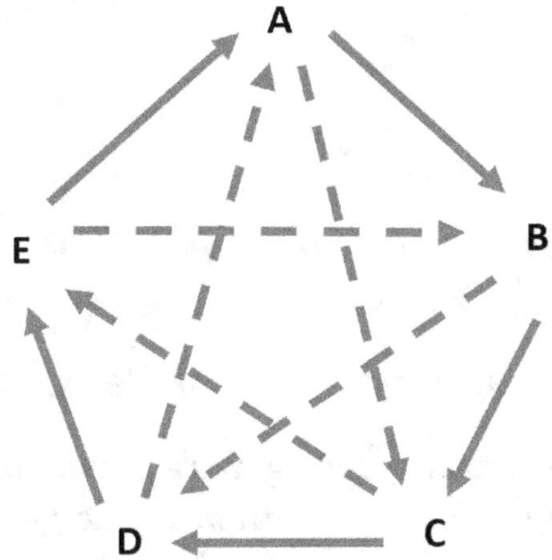

Das pentagonale Diagramm der wechselseitigen Erzeugung und Zerstörung

Somit kann festgestellt werden, dass die Fünf Elemente aus den Acht Trigrammen hervorgehen und wiederum Einfluss auf die Interaktionen zwischen dem Subjekt-Trigramm und dem Objekt-Trigramm sowie auf die Richtung der Transformation von Dingen und Phänomenen ausüben, wie im folgenden Diagramm dargestellt:

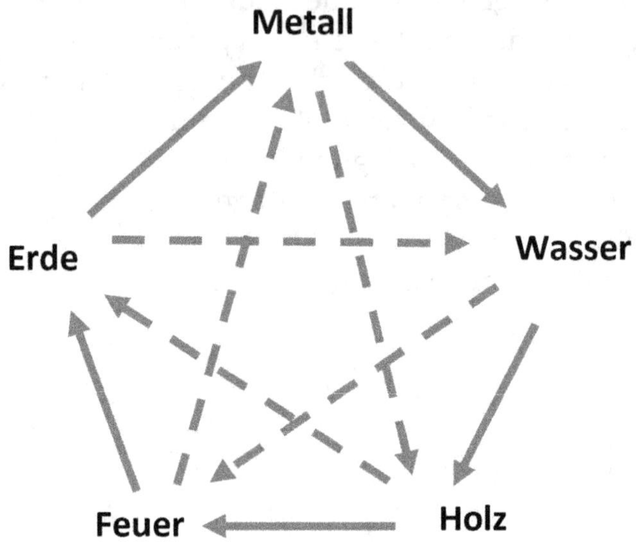

Das Diagramm der Fünf Elemente

Im obigen Diagramm der generativen und destruktiven Beziehungen der Fünf Elemente zeigen die äußeren Pfeile (durchgezogene Linien) die generativen/nährenden Beziehungen an, während die inneren Pfeile (gestrichelte Linien) die destruktiven/zerstörenden Beziehungen darstellen. Besonders bemerkenswert ist, dass bei der Betrachtung der dreieckigen und viereckigen Formen die Wunder der Natur durch die Fünf Elemente offenbar werden, die den Erhalt des Gleichgewichts gewährleisten.

Das pentagonale Diagramm der Fünf Elemente zeigt zwei Arten von Dreiecken und eine Art von Viereck, die sich wie folgt verbinden:

• **Dreieck mit 2 durchgezogenen Linien + 1 gestrichelte Linie:** Das Element, das ein anderes erzeugt, wird das Element zerstören, das auf das von ihm erzeugte folgt. Zum Beispiel erzeugt Wasser Holz, das dann Feuer erzeugt, aber Wasser wird Feuer zerstören. Dies ist der Beziehungstyp „zerstören, um die

Erzeugung zu reduzieren".

• Dreieck mit 1 durchgezogenen Linie + 2 gestrichelte Linien: Das Element, das zerstört wird, wird auch das Element zerstören, das das vorherige erzeugt. Beispielsweise erzeugt Holz Feuer, und Feuer zerstört Metall, aber Metall wird Holz zerstören. Dies ist der Beziehungstyp „zerstören, um das Zerstörtwerden zu reduzieren".

Wenn jedoch Zerstörung stattfindet, ergibt sich unweigerlich das Risiko übermäßiger Zerstörung. Daher verbinden sich diese Dreiecke mit dem nächsten Punkt, um ein Viereck zu bilden, das eine „Erzeugung zur Kompensation der Zerstörung" schafft. Um das Risiko übermäßiger Erzeugung zu kontrollieren, wird dann ein neues Dreieck etabliert, um „zu zerstören, um die Erzeugung zu reduzieren". Dieser Zyklus setzt sich endlos fort und gewährleistet ein nachhaltiges Gleichgewicht in allen Prozessen.

Daher kann gesagt werden, dass, wenn Yin und Yang die treibenden Kräfte hinter dem Prozess der Interaktion sind, die Fünf Elemente, die aus den Acht Trigrammen hervorgehen, als das Lenkrad und die Bremsen dienen, die die Richtung der Transformation von Dingen und Phänomenen bestimmen.

Aus diesen Gesetzen der Fünf Elemente wird deutlich, dass eine „weise" Person gemäß den universellen Gesetzen handeln muss, insbesondere den Gesetzen der Fünf Elemente.

In der Landwirtschaft, wenn man das Prinzip der „Erzeugung zur Kompensation der Zerstörung" versteht, könnte die übermäßige Verwendung von Pestiziden mit der Absicht, Schädlinge vollständig auszurotten, wie eine Lösung erscheinen, führt letztlich aber zu einem Fehler. Übermäßige Eliminierung führt unweigerlich zu Regeneration, und dieser Zyklus der Regeneration kann neue Konsequenzen mit sich bringen. Dies hebt die alte Weisheit des „einen Ausweg lassen" als wirklich klugen Ansatz hervor.

II. Beziehungen zwischen den Fünf Elementen

1. Erzeugung:

Dies beschreibt die Beziehung zwischen zwei Elementen im System der Fünf Elemente, die als erzeugendes Element und erzeugtes Element bezeichnet werden. Im Allgemeinen profitiert das erzeugte Element (außer im Fall der Gegen-Erzeugung), während das erzeugende Element einige Verluste erfährt.

Im zuvor erwähnten Diagramm der Fünf Elemente sind die Erzeugungsbeziehungen wie folgt:

• Wasser erzeugt Holz (Holz profitiert, Wasser wird vermindert)
• Holz erzeugt Feuer (Feuer profitiert, Holz wird vermindert)
• Feuer erzeugt Erde (Erde profitiert, Feuer wird vermindert)
• Erde erzeugt Metall (Metall profitiert, Erde wird vermindert)
• Metall erzeugt Wasser (Wasser profitiert, Metall wird vermindert)

Es ist jedoch nicht der Fall, dass jedes Mal, wenn ein Element erzeugt wird, das erzeugte Element notwendigerweise vom erzeugenden Element profitiert, da in bestimmten Situationen Gegen-Erzeugung auftreten kann, wie folgt:

• Wasser erzeugt Holz, aber wenn es zu viel Wasser gibt, wird das Holz weggeschwemmt.
• Holz erzeugt Feuer, aber wenn es zu viel Holz gibt, wird das Feuer erstickt.
• Feuer erzeugt Erde, aber wenn es zu viel Feuer gibt, wird die Erde verformt.
• Erde erzeugt Metall, aber wenn es zu viel Erde gibt, wird das Metall begraben.
• Metall erzeugt Wasser, aber wenn es zu viel Metall gibt, wird das Wasser trüb.

In der Interpretation der I Ging-Kombinationen wird das Konzept der Gegen-Erzeugung auch verwendet, um spezifische Situationen und Ereignisse zu analysieren.

2. Zerstörung:

Dies ist die Beziehung zwischen zwei Elementen der Fünf Elemente, bekannt als das zerstörende Element und das zerstörte Element. Im Allgemeinen wird das zerstörte Element Schaden erleiden (außer in Fällen von Gegen-Zerstörung), und das zerstörende Element erfährt ebenfalls einige Verluste.

In dem oben genannten Diagramm der Fünf Elemente sind die Beziehungen der Zerstörung wie folgt:

• Wasser zerstört Feuer (Feuer wird geschädigt, Wasser wird vermindert)
• Feuer zerstört Metall (Metall wird geschädigt, Feuer wird vermindert)
• Metall zerstört Holz (Holz wird geschädigt, Metall wird vermindert)
• Holz zerstört Erde (Erde wird geschädigt, Holz wird vermindert)
• Erde zerstört Wasser (Wasser wird geschädigt, Erde wird vermindert)

Jedoch führen nicht alle Fälle, in denen ein Element zerstört wird, notwendigerweise zu Schäden durch das zerstörende Element, da in bestimmten Situationen Gegen-Zerstörung auftreten kann, wie folgt:

• Wasser zerstört Feuer, aber wenn das Feuer zu stark ist, kann Wasser geschädigt werden.
• Feuer zerstört Metall, aber wenn Metall zu reichlich vorhanden ist, kann das Feuer gelöscht werden.
• Metall zerstört Holz, aber wenn Holz zu hart ist, kann Metall brechen.
• Holz zerstört Erde, aber wenn Erde zu fest ist, kann Holz schwächer werden.
• Erde zerstört Wasser, aber wenn Wasser zu reichlich vorhanden ist, kann Erde weggeschwemmt werden.

In I Ging-Interpretationen werden auch Gegen-Zerstörungsbeziehungen verwendet, um bestimmte Situationen und Ereignisse zu analysieren.

3. Überschuss und Mangel

Im Kontext der Zerstörung werden auch zwei spezifische Fälle betrachtet, bekannt als Überschuss und Mangel:

• **Überschuss:** Tritt auf, wenn ein Element ein anderes Element zu stark zerstört. Zum Beispiel zerstört normalerweise Wasser Feuer, aber aus irgendeinem Grund, wenn Wasser Feuer übermäßig zerstört, wird es als „Wasser im Überschuss über Feuer" bezeichnet.

• **Mangel:** Tritt auf, wenn ein Element ein anderes Element zu schwach zerstört. Zum Beispiel zerstört normalerweise Wasser Feuer, aber wenn Wasser aus irgendeinem Grund seine Zerstörung an Feuer verringert, wird es als „Feuer im Mangel über Wasser" bezeichnet."

Überschuss und Mangel werden oft in der traditionellen östlichen Medizin für die Diagnose und Behandlung von Krankheiten angewendet. In I Ging-Interpretationen werden diese Konzepte ebenfalls verwendet, um bestimmte Situationen und Ereignisse zu analysieren.

III. Die Fünf Elemente bei der Interpretation von I Ging-Kombinationen

Das Wesen des I Ging liegt in der Interaktion und Transformation im Rahmen seiner unveränderlichen Gesetze, was die Beziehungen zwischen den Fünf Elementen äußerst komplex macht. Daher ist es beim Interpretieren der I Ging-Kombinationen unerlässlich, die verschiedenen Interaktionen sorgfältig zu identifizieren, zu analysieren und zu bewerten. Im Folgenden sind einige grundlegende Aspekte in Bezug auf die Fünf Elemente aufgeführt, die bei I Ging-Interpretationen häufig berücksichtigt werden.

1. Die Beziehungen zwischen den Fünf Elementen zwischen den Linien in jedem Trigramm

Jedes Trigramm besteht aus drei Linien, und jede Linie entspricht einem bestimmten Element. Ist es notwendig, die

Beziehungen zwischen den Linien im Hinblick auf die Fünf Elemente zu bewerten? Aus unserer Sicht ist dies nicht erforderlich, da das Diagramm der Erdzweige zeigt, dass die drei Linien jedes Trigramms, trotz unterschiedlicher Elemente, in einem Zustand ausgewogener Erzeugung und Zerstörung sind. Die Erzeugung hat immer Zerstörung, um die durch die Erzeugung verursachten Verluste zu reduzieren, während die Zerstörung immer Erzeugung hat, um Verluste durch Zerstörung auszugleichen. Dies entspricht dem Naturgesetz des Gleichgewichts.

2. Die Beziehungen zwischen den Fünf Elementen zwischen dem Subjekt- und dem Objekt-Trigramm

Diese Beziehung ist bei der Interpretation einer I Ging-Kombination von entscheidender Bedeutung. Allgemein gibt es fünf mögliche Szenarien:

• Das Objekt-Trigramm erzeugt das Subjekt-Trigramm: Gut, unterstützt, reibungsloser Fortschritt.
• Das Objekt-Trigramm zerstört das Subjekt-Trigramm: Sehr schlecht, geschädigt, Hindernisse.
• Das Subjekt-Trigramm erzeugt das Objekt-Trigramm: Ziemlich gut, anfänglicher Verlust führt zu zukünftigem Gewinn.
• Subjekt- und Objekt-Trigramm sind in Harmonie: Intakt, wenn... dann...
• Das Subjekt-Trigramm zerstört das Objekt-Trigramm: Schlecht, nicht unterstützt, leidend.

Während unserer Anwendung der Fünf Elemente in der I Ging-Interpretation haben wir eine interessante Beobachtung gemacht: Obwohl König Wen vor mehr als 3.000 Jahren die Fünf Elemente nicht ausdrücklich in den Vorhersagen verwendete, stimmen diese Texte gut mit den Kombinationen überein, die mit den Fünf Elementen erstellt wurden.

3. Die Beziehungen zwischen den Fünf Elementen zwischen den reaktiven Linien des Subjekt-Trigramms und des Objekt-Trigramms

Die Bewertung der Beziehungen zwischen den Fünf Elementen zwischen den reaktiven Linien des Subjekt- und des Objekt-Trigramms ist ziemlich komplex, nicht nur, weil sie von verschiedenen Faktoren abhängen, wie der Natur (Yin oder Yang) und der Position (richtig positioniert oder fehlpositioniert) jeder Linie, sondern auch wegen der multidimensionalen Beziehungen, die dabei eine Rolle spielen.

Im Folgenden sind einige grundlegende Regeln aufgeführt, die in der Analyse verwendet werden:

• Die primären Interaktionen treten gemäß den Paaren von reaktiven Linien des Subjekt- und Objekt-Trigramms auf: Subjekt- und Objekt-Erdelinien, Subjekt- und Objekt-Menschenlinien, Subjekt- und Objekt-Himmelslinien.
• Richtig positionierte Linien sind stärker als fehlpositionierte Linien: Wenn zum Beispiel eine fehlpositionierte Linie eine richtig positionierte Linie zerstört, handelt es sich um einen Fall von "Mangel"; wenn hingegen eine richtig positionierte Linie eine fehlpositionierte Linie zerstört, handelt es sich um einen Fall von "Überschuss".

Wenn beide Linien entweder richtig positioniert oder fehlpositioniert sind, sind ihre Stärken gleich.

Für andere komplexe und multidimensionale Analysen, wie zwischen den Erde- und Himmel-Linien des Subjekt-Trigramms und der Menschenlinie des Objekt-Trigramms sowie zwischen der Menschenlinie des Subjekt-Trigramms und den Erde- und Himmel-Linien des Objekt-Trigramms, sprechen wir in diesem Buch nicht darüber, um die Leser nicht zu verwirren.

FUSSNOTEN

[1] Es gibt eine Hypothese, dass das I Ging von den Baiyue-Leuten geschaffen wurde, einer Gruppe verschiedener indigener Völker, die in der Antike in dem lebten, was heute Südchina und Nordvietnam ist. Diese Annahme beruht jedoch lediglich auf Spekulationen, die auf einigen sprachlichen oder kulturellen Ähnlichkeiten basieren, ohne dass es konkrete Beweise gibt.

[2] *Numerosymbologie* ist ein neuer Begriff, den wir geprägt haben, um die Sekte zu bezeichnen, die Symbole und Zahlen zur Wahrsagung von Dingen und Phänomenen, einschließlich der Lebenszeit, verwendet.

[3] Dieser Verdacht ist gut begründet, da das Flussdiagramm (He Tu) und die Luo-Schrift (Luo Shu) erst während der Han-Dynastie in das I Ging integriert wurden, als die numerologische Sekte im Aufschwung war. Das Flussdiagramm und die Luo-Schrift selbst spielen keine wesentliche Rolle in der Philosophie des echten I Ging; vielmehr dienen sie hauptsächlich als 'Fundament' für die Aktivitäten der Numerosymbologie-Schule.

[4] *Die vollständige I Ging* von Ngô Tất Tố - Literaturverlag, 2004.

[5] *Die vollständige I Ging* von Ngô Tất Tố - Literaturverlag, 2004.

[6] Wir haben sowohl das Frühe Himmel Bagua als auch das Späte Himmel Bagua ausprobiert, als wir die Erdzweige den Linien der Trigramme zuordneten, um die mit jeder Linie verbundenen Elemente zu bestimmen. Bei dem Vergleich der erhaltenen Ergebnisse stellten wir jedoch fest, dass das Späte Himmel Bagua geeigneter war, während das Frühe Himmel Bagua viele Inkonsistenzen produzierte.

[7] Der Begriff "Hexagramm" ist der Begriff, der in I Ging 3.0 verwendet wird, um verdoppelte Trigramme zu bezeichnen. Nach unserem neuen Verständnis ist dieser Begriff jedoch nicht mehr angemessen und spiegelt nicht genau die Natur des betrachteten Themas wider. Daher wurde er in I Ging 4.0 durch "**Kombination**" ersetzt.

[8] Die Zehn Flügel beziehen sich auf zehn Kommentare, die von Gelehrten nach Zhou Gong zum I Ging hinzugefügt wurden. Sie werden als 'Zehn Flügel' bezeichnet, weil gesagt wird, dass Konfuzius glaubte, dass die Erzählung des I Ging bereits vollständig war, nachdem König Wen die Vatication und Zhou Gong die Linienbezeichnung geschrieben hatte. Die zusätzlichen Kommentare waren lediglich wie das Hinzufügen von Flügeln zum I Ging. Die Zehn Flügel umfassen: (1) Kommentar zur Vaticination, Oben; (2) Kommentar zur Vaticination, Unten; (3) Kommentar zum Symbol, Oben; (4) Kommentar zum Symbol, Unten; (5) Großes Traktat, Oben; (6) Großes Traktat, Unten; (7) Kommentar zu den Worten; (8) Erklärung des Trigramms; (9) Abfolge der Hexagramme; (10) Verschiedene Hexagramme.

[9] Der folgende Abschnitt wird die Grundlage für diese Aussage erklären.

[10] Die Fünf Klassiker bestehen aus dem Buch der Lieder, dem Buch der Dokumente, dem

Buch der Riten, dem I Ging und den Frühlings- und Herbstannalen.

[11] Siehe mehr über das „Dualitäts-Gegenstück" im Glossar und in Kapitel 2.

[12] *Interpretation des Zhou Yi* von Phan Bội Châu – Verlag für Literatur, 2004

[13] *Das I Ging - Der Weg der Edlen* von Nguyễn Hiến Lê – Verlag für Literatur, 2004.

[14] *Das I Ging - Der Weg der Edlen* von Nguyễn Hiến Lê – Verlag für Literatur, 2004.

[15] Die numerologische Schule basiert ihre Interpretationen von Dingen und Phänomenen auf den Symbolen der I Ging-Hexagramme und den Zahlen des Flussdiagramms (He Tu) sowie des Luo-Schriftbildes (Luo Shu). Diese Schule blühte während der Han-Dynastie auf, als Kong An Guo das Flussdiagramm und das Luo-Schriftbild neu zeichnete und sie in das I Ging integrierte.

[16] Beachten Sie, dass eine Dualitätsbeziehung nicht bedeutet, dass es eine Interaktion zwischen dem Subjekt-Trigramm und dem Objekt-Trigramm gibt; siehe Details im Abschnitt über die Acht Trigramme.

[17] Das spiegelt den Geist des I Ging 4.0 wider: „Jeder ist irgendwann einmal ein König oder eine Königin; es ist nur eine Frage von wann und in Bezug auf wen!"

[18] Die "*Pflaumengarten von Cao Cao*" ist eine Geschichte aus dem *Romance of the Three Kingdoms*. Sie erzählt, dass Cao Caos Soldaten während eines langen Marsches so hungrig und durstig waren, dass sie kaum weitermachen konnten. Cao Cao zeigte in die Ferne und sagte: "Dort vorne ist ein Pflaumengarten." Als die Soldaten das hörten, stellten sie sich den sauren Geschmack der Pflaumen vor, fühlten sich von ihrem Durst erleichtert und setzten den Marsch enthusiastisch fort.

[19] Durch unsere Forschung haben wir entdeckt, dass das Yang-Yin-Raster zufällig bemerkenswert gut mit den 30 Archetypen des Jahreelements in Zi Wei übereinstimmt, einem System, das vor über 1.000 Jahren von dem Gelehrten und Taoisten Chen Tuan (陳 摶) weiterentwickelt und popularisiert wurde. Interessanterweise hat Chen Tuan, während er diese 30 Archetypen skizzierte, deren Bedeutungen nicht erklärt, was nachfolgende Generationen verwirrte. Bei einer erneuten Überprüfung zeigen sich jedoch perfekte Übereinstimmungen mit dem I Ching 4.0. Einzelheiten werden im kommenden Buch

„*Zi Wei 4.0 & seine Anwendungen in der Auswahl von Managern und Führungskräften*" präsentiert.

[20] *Das I Ging - Der Weg der Edlen* von Nguyễn Hiến Lê – Verlag für Literatur, 2004.

[21] Der Gelehrte Nguyễn Phát Lộc erzählt in seinem Buch *Tử Vi Hàm Số* (Die Zi Wei Funktion) die Geschichte, dass viele Anhänger des I Ging in China enttäuscht waren, als westliche Wissenschaftler die atomare Struktur entdeckten, die aus Protonen, Neutronen und Elektronen besteht, da dies nicht mit dem dualistischen Yin-Yang-Konzept des I Ging übereinstimmte. Unsere neue Einsicht in das I Ging zeigt jedoch, dass beide Seiten korrekt sind. Die Yin-Yang-Dualität gilt für Objekte oder Phänomene, die nicht in Interaktion stehen, während ein Atom in einem Zustand der Interaktion aus drei Komponenten bestehen muss, ähnlich den drei Linien in den Trigrammen des I Ging 4.0.

[22] Besondere Aufmerksamkeit sollte hier der Position und Rolle des Initiators gewidmet werden, da dies in Zusammenhang mit dem neuen Verständnis von Timing im I Ging steht, das später erörtert wird..

[23] Nach der alten chinesischen Lehre spielt neben der Natur (Yang und Yin) und der Zentralität (2. und 5. Linie in I Ging 3.0 oder den Mensch-Linien in I Ging 4.0) die

Position einer Linie in ihrem Trigramm eine entscheidende Rolle bei der Bewertung des Ausmaßes und der Stärke ihres Einflusses, wenn sie mit den entsprechenden Linien interagiert. In der Analyse der Interaktionen der Fünf Elemente zwischen den Linien, die im Kapitel 3 behandelt wird, wird dieser Faktor ebenfalls berücksichtigt, wobei eine „rechtpositionierte" Linie einen stärkeren Einfluss hat als eine „fehl-positionierte" Linie.

[24] Das Heisenberg'sche Unschärfeprinzip ist eines der grundlegenden Konzepte der Quantenmechanik, entdeckt vom deutschen Physiker Werner Heisenberg (Nobelpreis für Physik, 1932). Es besagt, dass „es unmöglich ist, gleichzeitig sowohl die exakte Geschwindigkeit als auch die Position eines bewegten Teilchens zu bestimmen; je genauer eine dieser Größen bekannt ist, desto ungenauer kann die andere bestimmt werden."

[25] *Das I Ging - Der Weg der Edlen* von Nguyễn Hiến Lê – Verlag für Literatur, 2004.

[26] *Das I Ging - Der Weg der Edlen* von Nguyễn Hiến Lê – Verlag für Literatur, 2004.

[27] "Qi" ist ein grundlegendes Konzept in der chinesischen Philosophie und steht für eine Lebensenergie oder Kraft, die durch alle Lebewesen fließt. Es wird als die Lebenskraft betrachtet, die den Körper und das Universum belebt. Qi ist mit verschiedenen Aspekten der Existenz verbunden, darunter Gesundheit, Bewegung und die Verbundenheit aller Dinge. Insgesamt umfasst das Konzept des Qi die Vorstellung, dass alles im Universum miteinander verbunden ist und von einem dynamischen Energiefluss beeinflusst wird.

[28] Das Fehlen eines präzisen Verständnisses über die Ursprünge und die Natur der Fünf Elemente beeinflusst auch die interpretative Perspektive des Zi Wei-Diagramms. Viele Zi Wei-Gelehrte analysieren derzeit sowohl Yin-Yang als auch die Fünf Elemente parallel, wobei dem Yin-Yang mehr Gewicht beigemessen wird als den Fünf Elementen. Dieser Ansatz führt zu unnötiger Komplexität und verringert die Genauigkeit der Interpretationen des Zi Wei-Diagramms. Für weitere Details freuen Sie sich auf unser kommendes Buch „Zi Wei 4.0 & seine Anwendungen in der Auswahl von Managern und Führungskräften".

Siehe weitere Details in Kapitel 5.

[29] Siehe weitere Details in Kapitel 5.

[30] Gemäß der Reihenfolge der 12 Erdenzweige, die Ratte, Ochse, Tiger, Hase, Drache, Schlange, Pferd, Ziege, Affe, Hahn, Hund und Schwein umfassen, gehören alle ungeraden Erdenzweige zur Yang-Kategorie, während die geraden Erdenzweige zur Yin-Kategorie gehören.

[31] Die "Aufzeichnungen des großen Historikers" von Sima Qian erwähnt, dass König Wen die „Wahrsagungen" verfasste, während er in Duyi gefangen war.

[32] Da die Linienbezeichnungen deutlich das Verständnis widerspiegeln, dass „ein Hexagramm eine Einheit ist", glauben wir, dass Zhou Gong derjenige war, der das I Ching 3.0 einleitete.

[33] Daher beeinflusst die Korrektur von Missverständnissen und Auslassungen im I Ching 3.0 nicht die Zehn Flügel.

[34] Beziehen Sie sich auf die ausführliche Erklärung von Schicksal und dessen situationsbedingten Variationen wie Gewinn, Nutzen, Unversehrtheit, Leiden, Schaden im Abschnitt Terminologie am Anfang des Buches.

[35] Weitere Informationen über den Initiator finden Sie im Abschnitt über die Acht Trigramme in Kapitel 2.

[37] *Die Lehre von Yin und Yang und den Fünf Elementen* von Le Van Suu – Verlag für Kultur

und Information, 1998.

[38] Dong Zhongshu (179 – 104 v. Chr.) war ein renommierter Gelehrter der Westlichen Han-Dynastie; Zhou Dunyi (1017 – 1073) war ein prominenter Philosoph der Song-Dynastie; Zhu Xi (1130 – 1200) war ein berühmter I Ching-Gelehrter während der Song-Dynastie; Dai Dongyuan (1724 – 1777) war ein bedeutender Denker der Qing-Dynastie; Feng Youlan (1895 – 1990) war ein herausragender Philosoph und Historiker im modernen China.

DIE WURZEL DES BUCHES

Ich wurde in einem armen ländlichen Gebiet geboren, mit hohen Bergen und tiefen Tälern, sonnenverwöhnten Feldern, weiten Flüssen und Seen, dem heiligen Tempel der Muttergöttin, den Echos der Cheo-Melodien an mondbeschienenen Nächten, den Orten, die mit legendären Geschichten über Đinh Bộ Lĩnh und seine vier vertrauten Vertrauten Nguyễn Bặc, Đinh Điền, Lưu Cơ und Trịnh Tú verbunden sind, wie Thung Ông (die alte Hoa Lư-Höhle) und der Hoàng Long-Fluss usw.

Die Kindheit der ländlichen Kinder zu dieser Zeit, außerhalb der Schulstunden, wurde damit verbracht, um ihren Eltern zu helfen, und ich war da keine Ausnahme. Der einzige Unterschied war, dass ich alles las, was ich konnte, dann verband, verglich und es mit Dingen kombinierte, die ich hörte. Die Momente, in denen ich unter dem alten roten Baumwollbaum in der Nähe der Cọt-Brücke am Cút-Damm saß und auf die Rückkehr meiner Mutter von den Bergen wartete, nachdem sie Maniok gepflanzt und Feuerholz gesammelt hatte, waren die Zeiten, in denen ich frei über das nachdenken konnte, was ich in den Büchern gelesen hatte, die mein Vater, ein Lehrer, nach Hause brachte. Dazu gehörten die Alte Glitzernde Kultur, griechische und römische Philosophie, Die Romantik der Drei Königreiche, Die Erzählung von Kiều oder Bücher über berühmte Persönlichkeiten wie Darwin, Faraday, Edison, Dante, Lev Tolstoy, Beethoven und andere. Nur das, und so viele Ideen hatten bereits im Kopf eines Drittklässlers Wurzeln geschlagen, der neben dem alten roten Baumwollbaum saß, gefüllt mit der tiefen Zuneigung zu meinem Heimatland— das Bild, das zum

Thema eines Gedichts wurde, das ich an einem windigen Abend schrieb.

Der Reisbaum

Im März, wenn die Sonne an der Deichkante steht,
Hält die Reisblüte den Schatten der Mutter zurück.
Die Gestalt eines Reiher, der den Nachmittagshauch trägt,
Das Boot schweigt, während der Duft des
schönen Mädchens verweht.
Oh Fluss, erinnerst du dich an uns?
Wo wir die Mutter aus der Ferne warteten.
Der Baum steht immer noch, ganz unbeschadet,
Voll und ganz in seiner beständigen Haltung,
auf die Menschen zu warten.
Am alten Anlegesteg, das Wasser schwappt sanft,
Die Wellen spielen mit der roten Blüte,
die Liebe zur Heimat strahlt.
So viele Jahre voller Sorgen,
Ich hoffe, dass dieser Reisbaum mich in
meine grüne Jugend zurückbringt

Vielleicht waren es die Emotionen, Gedanken und Motivationen, die aus den Kindertagen neben dem roten Baumwollbaum angesammelt wurden, die dazu führten, dass ich 1985, als ich zum ersten Mal ein Buch über das I Ching in den Händen hielt, trotz des überwältigenden, dichten und obskuren Inhalts, der so vage und schwer verständlich war, nicht aufgab. Vierzig Jahre später, dank der tiefen Dankbarkeit, die ich meinen Eltern schulde, der Ermutigung durch meinen Lebenspartner und meine geliebten Kinder sowie der begeisterten Unterstützung meiner Geschwister, Freunde und Partner, war ich in der Lage, dieses Buch zu schreiben. Obwohl meine Verbindung zum I Ching tief ist, möchte ich die erste Seite diesem Rückblick auf die Inspirationsquelle für dieses Buch widmen. In gewisser Weise glaube ich, dass dies das Wesen des I Ching selbst ist!

EINFÜHRUNG ZU
ZI WEI 4.0

Mein Interesse an Zi Wei begann um 1994, als ich einem Gespräch einiger älterer Herren bei einer Teerunde lauschte. Sie erwähnten, dass Zi Wei ursprünglich den chinesischen Kaisern vorbehalten war, während die einfachen Leute nur Ba Zi benutzen durften – eine ähnliche, aber einfachere und weniger raffinierte Form der Wahrsagerei. Laut dieser Erzählung wurde Zi Wei gegen Ende der Ming-Dynastie nach Vietnam gebracht, als ein Hofbeamter, der für Zi Wei verantwortlich war, vor der Eroberung der Mandschu floh. Auch wenn diese Geschichte möglicherweise nur eine Legende ist, stimmt es, dass die Chinesen, ebenso wie die Koreaner und Japaner, hauptsächlich Ba Zi verwenden, während nur die Vietnamesen Zi Wei nutzen. Die Tatsache, dass Zi Wei Horoskope für Kaiser erstellen kann, stützt die Annahme, dass es vom feudalen chinesischen Staat auf die königliche Familie beschränkt wurde.

Meine Neugier führte mich zu intensiveren Recherchen, und ich entdeckte, dass Zi Wei tatsächlich eine einzigartige Methode der Lebenszeit-Prognose ist, die vollständig auf Schicksalslogik beruht und vielen anderen Systemen, die sich ausschließlich auf Numerosymbolik stützen, weit überlegen ist. Dennoch weist Zi Wei einige Einschränkungen auf, die aus der Grundlage des Zhou Yi (d.h. I Ging 3.0) stammen, auf die sich der Gelehrte und Taoist Chen Tuan (陳摶) vor über 1.000 Jahren stützte. Interessanterweise werden diese Einschränkungen nun elegant durch die neuen Erkenntnisse des I Ging 4.0 gelöst.

Das Buch Zi Wei 4.0 & Anwendungen bei der Auswahl von Managern und Führungskräften behandelt die genannten Probleme von Zi Wei aus der Perspektive des I Ging 4.0 und schlägt Methoden vor, Zi Wei 4.0 bei der Auswahl von Managern und Führungskräften anzuwenden, deren Horoskope den jeweiligen Positionen entsprechen, um den Gesamterfolg zu steigern. Ein separates Buch mit dem Titel Die Kombination von I Ging, Zi Wei und westlichen Karten zur Vorhersage und Verbesserung des Schicksals wird ebenfalls bald erscheinen und sich an eine breitere Zielgruppe von Zi Wei-Enthusiasten richten.

Konfuzius führte trotz seines außergewöhnlichen Talents, seiner Tugend und seines Durchhaltevermögens ein Leben voller Herausforderungen und beklagte sich sogar bei seinen Schülern: „Mit fünfzig verstand ich den Auftrag des Himmels." Es ist schwer zu sagen, ob Konfuzius Tử Vi genutzt hätte, um sein Schicksal zu verstehen und zu verbessern, wenn es ihm zur Verfügung gestanden hätte, aber für uns heute ist es lohnenswert, vorherzusagen, um uns selbst und diejenigen, mit denen wir arbeiten, zu verbessern.

Hanoi, Früher Herbst 2024
LƯU NGUYỄN ĐÀO NGUYÊN

ÜBER DEN AUTOR

Der Gelehrte Lưu Nguyễn Đào Nguyên war stets leidenschaftlich daran interessiert, das Gesetz des Himmels zu erforschen. Schon in jungen Jahren (1985) begann er, das I Ging zu studieren, gefolgt von Zi Wei und westlichen Karten. Nach über 30 Jahren intensiver Forschung verfasste und veröffentlichte er eine Trilogie von Büchern, darunter: (1) I Ging 4.0, (2) Zi Wei 4.0 & Anwendungen bei der Auswahl von Managern und Führungskräften und (3) Die Kombination von I Ging, Zi Wei und westlichen Karten zur Lebenszeit-Prognose und Verbesserung. Diese Trilogie ist ein „Muss" für alle, die das Gesetz des Himmels aus der Perspektive der östlichen Kultur verstehen möchten.

Das Ziel der Forschung von Gelehrtem Lưu Nguyễn Đào Nguyên ist nicht, I Ging-Wahrsagungen oder Zi Wei-Lesungen für andere anzubieten; vielmehr will er das Gesetz des Himmels durch seine Schriften bekannt machen, damit die Leser es tiefgehend verstehen und es für ihr eigenes Leben und ihre Arbeit nutzen können. Dieser Weg, so glaubt er, führt zu innerem Frieden und Glück für Einzelpersonen und die Gesellschaft, da das Verständnis des Gesetzes des Himmels die Menschen inspiriert, „im Einklang mit ihren innewohnenden Tugenden zu handeln", „Zufriedenheit zu kennen" und im Einklang mit dem wahren Weg zu handeln.